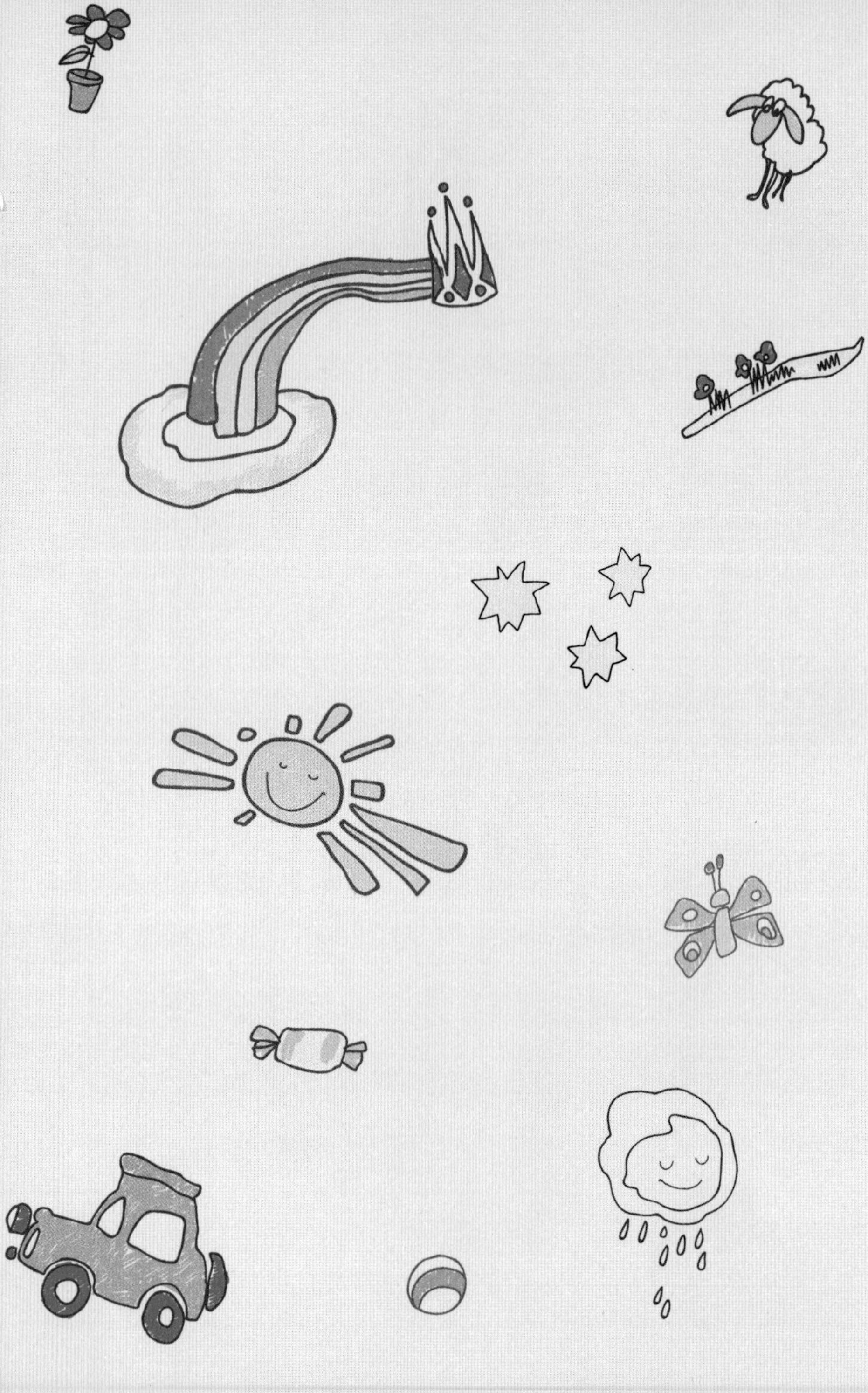

教養諮詢師、智慧家庭導師 陳子蘭 著

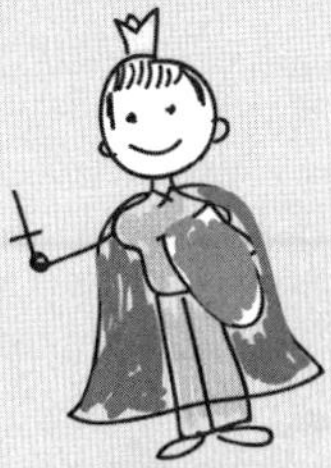

四夠教養法，

養出溫暖聰明的孩子

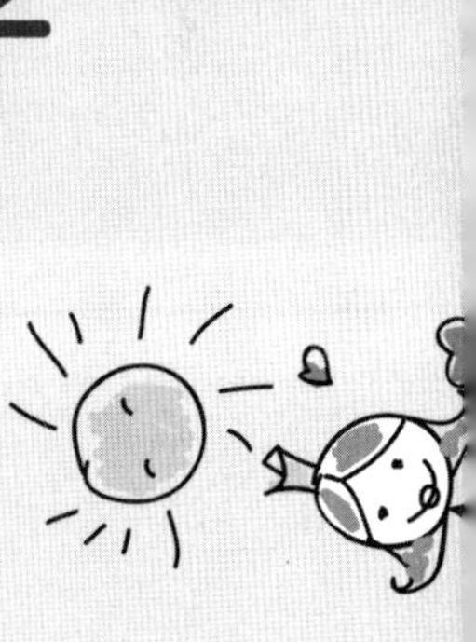

【目錄】

第二部 玩夠

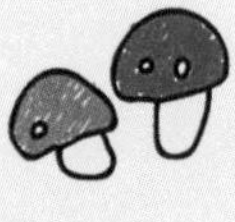

第三部　情境夠

第四部 做事夠

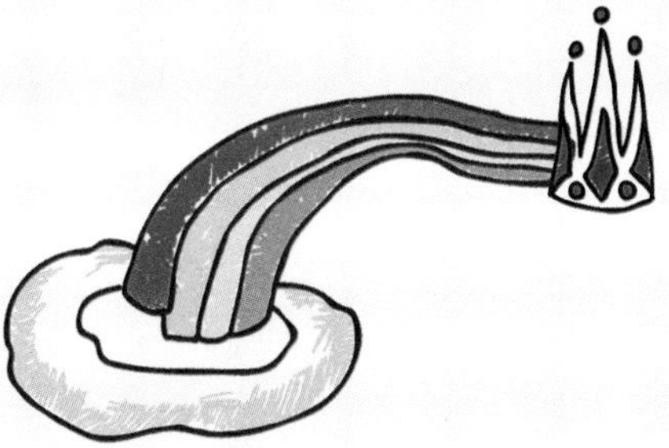

推薦序

愛在智慧花開時

柯澍馨

在人的一生當中，父母的愛、支持與陪伴是孩子最重要的成長力量；父母的一言一行也是影響孩子一生幸福成長的關鍵。如果父母與孩子之間充滿愛與善的互動，就能讓孩子感到溫暖、信心與快樂。因此父母從另一個角度來看，就是孩子的一個重要榜樣。父母若能用愛心與耐心陪伴孩子成長，孩子長大後也可能成為一位有好榜樣的人。誠如幼兒教育之父福祿貝爾的名言：「教育之道無他，唯愛與榜樣而已。」同樣的，在親子教養中，也是如此：「教養無他，唯有愛、同理、陪伴與榜樣。」

在子蘭老師《四夠教養法，養出溫暖聰明的孩子》一書中，分享了王國和教授所提出的教養孩子的四個基礎核心觀念「四夠教養法」：亦即「愛夠」「玩夠」「情境夠」「做事夠」的觀念與方法。此外，子蘭老師也以親切溫暖的語調，分享了許多家長在實際教養挫折案例中所遇到的問題，例如：在「愛夠」教養法，一位母親強迫吃飽的孩子再多吃一點，否則就不給餅乾吃的例子，點出了母親爲了孩子好而強迫她吃東西到底是不是愛的表現？此外，在「玩夠」教育法中，她強調了遊戲的重要，也點出了現今孩子遊戲時間普遍不足的問題。到底對孩子來說，好玩的定義是什麼？如何讓孩子在玩的過程當中，不僅玩夠，還能玩得盡興。而在「情境夠」教養法中，她提出幾個實際的教養問題（如：我會幫孩子安排好生活中的大小事嗎？我會要求孩子在做任何事之前需先經父母同意嗎？我會要求孩子主動跟人打招呼嗎？我會要求孩子遵守社會規範嗎？）引導讀者思考父母教養類型與親子互動情境的關聯性。最後在「做事夠」教養法中，她分享了多讓孩子做家事的好處與方法。陪伴與培養孩子做家事的能力，不僅能使孩子成爲一位有能力的人，能體貼他人，也可幫助孩子腦力開發，發展自信心。

在本書中，處處可見子蘭老師溫暖、有溫度、有智慧的教養心法。彷彿，教養不再是一件難事、令人挫折的事，而是一門家庭生活美學、令人感到幸福的事。

師者，當以傳道、授業、解惑爲應盡之本分。我非常感恩，能在子蘭老師研究所的成長歲月中，陪伴她一段！印象中的子蘭老師總是非常認眞，面對學習與學問的態度也是非常嚴謹。她曾跟我分享她再進修研究所的目的，不是因爲圓夢或是想證明自己，而是爲了對自己的親職教育工作負責。她希望透過研究所課程與論文的洗禮，提供給家長更扎實、精進與實用的親職教育知能；並期待自己能將所學，貢獻給正在育兒之路探索的父母們，得以享受良好的親子關係與育兒之樂。這份心念，讓身爲老師的我深深動容。

在過去的教學生涯中，我一直秉持著對教育的一份熱愛與使命，期許自己能扮演好一位經師、人師與良師的角色。在「教育無他，唯有愛、同理、關懷與陪伴」的理念下，視每位學生都是一獨特個體，有著無窮的希望與潛質。而今，我非常感動子蘭老師也是一位經師、人師與良師，能明白自身的責任與使命，幫助有親職困惑的家長們體悟到親職工作的甘苦、神聖與美好。

我極力推薦此書，相信它像一盞明燈，爲有教養挫折的家長們照亮前方的路。

（本文作者爲美國俄亥俄州立大學家政教育博士、
中國文化大學生活應用科學系副教授）

推薦序

四夠教養觀念重要且貼切，理解、接納孩子的發展，親子關係就會好

蘇雯娟

親子教養相關知能推陳出新，從傳統的「打罵教育」，到「愛的教育」，以至於「當下教養」，如今推行「正向教養」，都無法丟棄重視孩子的「發展」。孩子的每個階段都有其學習重點，大人只要做孩子需要的父母，而不是「我覺得你冷」的人。孩子需要父母，父母也需要孩子，相互滿足身心靈的需求，自然而然發展健全、家庭氣氛和諧美滿。

很多人都是當了爸媽才學會做父母，常聽到分享的育兒經驗幾乎都是生氣的情景，親子關係劍拔弩張，事後又後悔愧疚，家庭氣氛和每個人情緒全都搞砸。父母都知道非常多的道理和專家理論，但是不知道如何做，非常渴望有人可以伸出援手指點迷津，提供一解育兒難題的武功祕笈。

我在幼兒教育、早期療育和社會福利服務二十多年的過程中，從未停止追求新

資訊。正逢尋覓適合與家長共讀，且具生活化、可運用的親子教養書籍，慶幸能拜讀到此書，驚艷有如星空中最亮的一顆星，心裡不由得發出「就是它了」的讚嘆。隨著閱讀內容常常不自覺的點頭，很多觀點和想法與作者不謀而合。有別於外國學者著作，常因文化背景相異或文字隔閡而無法同理；本書用字遣詞容易理解、舉例生活化、方法容易執行，並且教養知能具有回應大環境與世代接軌的效能，希望更多人可以從中獲益。

「愛夠、玩夠、情境夠、做事夠」的觀念，相當重要且貼切。四夠了，理解、接納孩子的發展，親子關係就好了。試問自己是個愛孩子的父母，還是「我需要你」的大人？我們常常習慣把自己的「想要」期待孩子替你完成；小孩對於「玩」是「天」，以發展角度則是在遊戲中學習，提供玩的機會是大人的責任；大人習慣用「不可以」「不行」當作與孩子互動的起始句，下次不妨試試用「我們可以」開始溝通，一起靜下來想想看，可以怎麼做比較好；生活中製造親子一起動手做的機會，需要給孩子的是適合的「情境」而不只是「環境」，什麼樣的情境就會養出什麼樣的孩子。改變別人很難，要從自我開始轉念，值得大家咀嚼消化一番。

藉作者用三級預防的家庭教養危機概念，套用於家庭社會工作服務的實務上，再貼切不過。初級預防是親子關係良好，沒有太大問題；次級預防則是會出現一些難題，想要找方法解決；三級預防可能出現嚴重親子衝突，那可就要拉警報，需要學習補救策略。可以提供社會福利服務參考，讓家長能眞正學習與調整，實際運用正確的教養方式和技巧。

期待所有父母在育兒路上都能認爲談「愛」很容易，談得恰到好處。用對方法，用「愛」來化解危機，強調「家」是談愛的地方，讓家都是每個大人、小孩健康快樂成長的園地。

（本文作者爲早療特教老師、育兒指導員、社工師、財團法人生命之愛文教基金會執行長）

推薦序

生而養，養而教，做個有愛的父母

謝淵智

曾經有位家長拜託我請導師教導她的兒子，在家裡看電視的時候不要跟妹妹搶遙控器、不要每天跟妹妹吵架、不要捉弄妹妹。從言談中，我感受到這位媽媽的無奈與無助。

當我看到知名親子教養專家子蘭老師撰寫了《四夠教養法，養出溫暖聰明的孩子》一書，回憶起這位身心俱疲的媽媽。子蘭老師在書中分享了如何用「愛夠、玩夠、情境夠、做事夠」來協助孩子成長，是她教養諮詢工作十多年來的經驗和智慧的結晶，可以幫跌跌撞撞的家長們解惑。

我閱讀過子蘭老師的另一本書《我心裡住著一隻刺蝟》，敘寫筆風精確而溫暖，淺顯易懂卻不說教，知道她是一位家庭教育諮詢師，也是一位暢銷書作者，亦是婚姻、家庭、教養等方面專家。敝校曾經邀請子蘭老師蒞臨，主講「我的孩子脾氣差!?談父母教養盲點」親職講座。她以契合年輕父母的幽默語氣，分享父母與子女之間的相處態度與技巧，讓全場聽眾心有戚戚、收穫滿滿。

我以前服務的學校，某日有位民眾在學校網站粉絲頁留了一則訊息：「有一天遇到貴校學生到某牧場戶外教學，那天剛好也是我幼兒園小孩的戶外教學日。有一位穿著體育服的小女生，看到我的小孩在餵食山羊吃飼料時，手上的整包飼料全被山羊咬走。我的小孩被嚇到了！當時這位小女生馬上把她的飼料分了一些給我的小孩，還細心的教我的小孩如何餵食山羊。」這位民眾對女學生願意伸出援手幫忙與指導表達謝意。我相信，這位善良的小女孩就是子蘭老師書中「玩夠」教養出的好孩子。

我們呱呱墜地後，雖然沒有天生的好習慣，但至少身上沒有壞習慣。爲什麼有的人後來變得人緣差，變得不易跟人相處？最主要在於父母及師長的教養態度。如果父母及師長沒有引導孩子做好本分內的事、對父母或長輩盡孝道，也不教他們認識情緒、與周遭的人和樂相處，他們怎能自然習得？我一直都相信：孩子是看著父母的背影長大的。平時，父母如能多撥一些時間和孩子聊聊生活，傾聽孩子與同學間的相處，同理孩子的想法，協助孩子面對複雜的人際關係，孩子才能從父母身上學習如何待人接物，這就是「情境夠」的重要。

《四夠教養法，養出溫暖聰明的孩子》這本書如同一股溫柔的春風，提醒著我們回歸最初的親情與愛。希望每一位父母都能在這本書中找到啓示和指引，培養有智慧、具愛心的好孩子。

（本文作者爲臺中市西屯區國安國民小學校長）

推薦序

正確的愛，不但滋養到小孩，更是滋養到自己

林絲草

終於盼來子蘭老師的第二本書，抱著期待的心情拜讀之後，覺得這本書，完全記載了我這七年來跟隨老師上課的所有精華。

如果說老師的第一本書《我心裡住著一隻刺蝟》是在教我們「認識自己和他人的防衛機制，學會如何與他人相處」的話，那麼這本《四夠教養法，養出溫暖聰明的孩子》，我想就是在告訴我們「什麼才是正確的愛」。

不要小看這個問題，我相信許多爸媽（尤其是新手爸媽）對於「正確的愛」，還存在許多盲點，猶如我當年一樣。

在拜讀這本書的初稿前不久，有天跟孩子們聊天，在聊到「過去的媽媽」這個話題時，大女兒冷不防的說一句：「媽媽，我都不知道你那時候怎麼了，明明弟弟就沒做什麼事，你卻像發瘋了一樣……」

依稀記得這個事件的發生，是兒子因爲在玩，所以遲遲不願意把書包和散落一

地的玩具收好。

當時的我，覺得教養應該就要遵循「溫柔而堅定法則」，所以我貌似溫柔，堅定的對兒子好說歹說，希望他趕快把玩具收好。

可是偏偏我的好說歹說一點用都沒有，於是我的情緒在累積了一段時間後，整個大爆炸。我希望兒子能感受到媽媽維持家裡整潔的不容易、照顧小孩的不容易，希望他能乖乖聽話照做，希望他能同理媽媽的辛苦。

但是換個角度想，我當時有看到他還在開心的玩遊戲嗎？我有同理他「從開心的遊戲」轉換到「收拾東西」的過程，可能也需要一點時間準備嗎？

沒有！

老師在第一部「愛夠」裡說道：「同理心不是教來的，是愛來的。」

當時的我太過遵循「教養上的教條」，並沒有看到孩子的需求，給了錯誤的愛，所以兒子當然沒辦法同理我呀！

這邊還有子蘭老師常說的另一個教養盲點——教養應該要溫柔而堅定。

但我們的溫柔而堅定，眞的是「有愛的溫柔而堅定」嗎？

老師常在上課的時候問學員：「如果你的婆婆『溫柔而堅定』的一直問你，要煮什麼菜？什麼時候要買菜？什麼時候要煮？你怎麼不趕快煮？你的感覺會是什麼？能感受到婆婆對你的愛嗎？」

這個橋段，常常把學員們逗得哈哈大笑，但也確實點出了我們對教養的認知，還落在似懂非懂狀態。

在聽過子蘭老師的「四夠教養」後，我才發現，自己過去的教養盲點是何其的多，光是「愛夠」，就足以顛覆過去我對教養的認知，當然就更不用說「玩夠」「情境夠」「做事夠」了。

在書裡，子蘭老師更是列舉了各種你我可能都做過的事——

在孩子玩的時候，幫孩子安排好一切，幫孩子排除一切遊戲時可能引發情緒的來源……

花大把金錢，把孩子送到好的學校（好的補習班），想要給孩子好的情境……

在孩子做事時，跟孩子說：「自己的事情自己做！」

這些，到底是「愛」還是「礙」？

這本書，從頭到尾幾乎沒有冷場，在每個章節裡，子蘭老師都用她最簡單的闡述，讓我們思考「我們到底是在『愛』孩子，還是在『礙』孩子？」而我們又該如何好好的愛孩子？

我們大人自己從小到大，可能也沒有被好好地愛過，所以對愛這個課題，會覺得很陌生。

最後，我想要偷偷告訴大家一個我跟了子蘭老師七年的課之後最大的收穫——那就是「愛的方向對了」。我發現，我並沒有那麼糟，我發現，其實我是一個很不錯的人、一個很不錯的媽媽、一個很不錯的老婆。

會有這樣的轉變，我想是因爲正確的愛，不但滋養到小孩，更是滋養到自己。所以我從一個「常常覺得小孩很煩」跟「看老公不順眼」的人，變成一個有愛的人。當自己有愛，孩子跟另一半也有愛；我看自己順眼，看孩子跟另一半自然也順眼了！

祝福大家都能從這本書裡找到愛，然後愛自己，愛孩子，愛伴侶，愛所有人。

（本文作者爲粉專「四隻小人一個媽」版主）

推薦序

原來只要掌握教養眉角，就能培育有溫度且聰明的孩子

廖進隆

子蘭老師在書中所傳達的四夠教養理念，在這個少子化的時代更顯得重要，呼籲父母重視親子關係，其影響是相當深遠的。書中所提到的方法，讓我讚嘆！原來只要把教養的眉角掌握好，就能培育出具有溫度且聰明的孩子！而且方法居然是那麼地簡單。

我擔任全人家長會長協會理事長一職，目的就是爲輔助學校推動關懷學生、關懷家庭爲宗旨，陪伴以及呵護每一位孩童得以安全、快樂正向的成長。這本好書《四夠教養法，養出溫暖聰明的孩子》值得一讀，謹推薦給所有與孩童生活習習相關的人。

（本文作者爲全人家長會長協會理事長）

自序

讓孩子愛夠、玩夠、情境夠、做事夠，教養一點兒都不難！

親愛的讀者朋友，你覺得教養小孩是一件怎麼樣的事？如果答案是輕鬆愉悅，那麼恭喜，你的觀念與方法肯定是正確的。然而，如果你感到又累又挫折，那麼肯定有些觀念跟方法是需要調整的。

每當講座或教養諮詢時，總會遇到父母語帶無奈的表示：「以前我們當孩子時都是聽話照做，現在當父母了，教養孩子卻那麼難?!」「早知道就不要生！」「比工作還累人！」「都累成這樣了，孩子還不體貼我、配合我？」「愈說愈故意，打罵孩子後，他的行爲非但沒改變，跟我的關係還愈來愈遠，會頂嘴、還會翻我白眼……讓我充滿挫折感啊！」

或許這也反映了多數父母的心聲，過去父母生得多，沒有太多的管教問題；而現代人生得少，管教的問題卻層出不窮。這教養難的背後原因，是許多面向所造成，絕非單一問題。然而，解決問題的首要之務，是找出問題所在，才能眞正的改善問題，這也是我寫這本書來跟現代父母探討的主要原因。

我有幸遇見理科出版社社長王國和教授，當年他提出「孩子應該這樣教」的「四夠教養法」，提醒現代父母「孩子生得少，更要教得好；要教好孩子，先學不要教」。乍聽之下，這「不要教」可眞的是玄之又玄！原意是指每個孩子本來就好好的，只要適時適性地正確引導即可，但現代父母太過用力的「教」而扭曲了「教」的本意，反而把孩子給教壞了；這也並非要父母從此放任孩子不管，而是提醒父母是否教養過度而不自知！

當被問到育兒教養之路太難、不知道該怎麼辦時，我總會說：「教養挫折，正是刺激父母觀念再升級的最佳時機！」當面對孩子做出不當行爲、愈說愈故意時，除了是好好說、苦苦哀求、抱著歇斯底里的情緒怒罵孩子之外，或許可以思考其他的教養方法，一切都有方法，父母也總願意學習往更精進的育兒道路前進。

我從事教養諮詢十多年來領悟到，行爲的背後來自內心感受，感受好行爲表現就好，如果孩子出現偏差行爲，父母需先關注孩子的內心，是否某些內心需求沒得到滿足，而導致欲求不滿，變成以自我爲中心的性格或所謂的攻擊行爲；感受好壞跟情境的互動有很大的關係。

意思是說，一個孩子與父母間關係好壞的情境，會影響孩子的內心感受，如果父母跟孩子的互動關係不佳，那麼，孩子就可能產生偏差行爲來引起父母的關注

（簡稱爲討愛行爲）。也就是我在教養諮詢或親子講座當中經常提到的：「父母學習正確的教養態度來對待孩子；而孩子用偏差行爲來提醒父母改變教養態度。」這是一個相對應的關係。

猶記多年前一場幼兒園活動的延誤，造成講座的時間壓縮，只能給我三十分鐘分享「四夠教養」。講座結束卻獲得滿堂彩，一位家長有感而發地表示，雖然時間太短，但講座內容實在太精采，只要能領悟這四夠教養心法，教養孩子就不難！

如果你正爲教養孩子而困惑不已，那麼也許可以在這裡找到答案。也不一定要全相信書中的任何觀念或方法，但你可以試一試，試著把它融入你的親子關係中，如果孩子的行爲眞的有改善，那才是最重要的開始。如果教養讓你感到無力或無助感，那麼肯定是有某個環節出了問題，把它找出來，然後修正。

孩子具有無限的潛能，不論身心機能還是能力，均優於大人。然而，孩子優秀與否，關乎父母的觀念與方法。所以，親愛的父母們，我們一起來學習教養孩子的基礎核心觀念：四夠教養：愛夠、玩夠、情境夠、做事夠。

愛夠——愛從說話開始，正面溫和的話語，就有愛

玩夠——玩出生命三動能，身體健康、情緒安定、腦力開發

情境夠——人是情境之子，行爲是學習來的，營造溫馨和諧的家庭情境

做事夠——盡量找事給孩子做，做事是智慧的綜合能力

有緣出版王國和教授一生推廣的教養核心思想「四夠教養法」，我的內心是感動的，是喜悅的，是興奮的，更是感激的！

到底教養難不難？

到底管教孩子有什麼撇步？

到底眉角又是在哪裡呢？

我們就從這本書開始吧！

童年快樂，一生都會快樂，因爲起點決定了終點。

第一部

愛夠

當愛的觀念正確，才能輕輕鬆鬆享受與孩子之間的樂趣；觀念錯了，愛就消失了，方法錯了，就容易造成親子關係的緊繃。

1

你給孩子的愛，對了嗎？

每次只要天氣降溫，「有一種冷叫作媽媽覺得孩子冷」的梗圖就會在社群上被轉傳。這個讓年輕人會心一笑的幽默，充分顯示出愛的課題。

某次搭高鐵前往高雄親子講座，途中我閉目養神，隱約地聽到前座乘客的說話聲音，媽媽與小女孩的對話吸引了我的注意。

小女孩：「我吃飽了。」

媽媽說：「再多吃一點！」

小女孩：「我不要，我吃不下了。」

媽媽：「你不多吃一點，我要生氣了喔！」

小女孩又回：「我不想吃了啦！」

媽媽又說：「你再吃一點，等等才可以吃餅乾。」

小女孩還是搖頭說不要。

媽媽接著說：「你不吃，那等下不能吃零食！」（威脅口氣）

小女孩哭了。

坐在後排座位的我，心想著，媽媽爲孩子準備點心是愛，希望孩子能吃多一點才有營養也是愛，但聽著小女孩的啜泣聲以及媽媽繼續的叨唸聲：「哭什麼哭！嘴巴給我閉起來！」「你再哭試試！」當下，我還眞有股衝動想提醒媽媽：「你給孩子的愛，給對了嗎？」

要求小女孩再多吃一點，這並不是愛，反而會把媽媽愛孩子準備餐點的愛心給抹殺掉了，並且徒增親子關係間的壓力。

當小女孩感到肚子餓時說：「媽媽，我餓了！」

媽媽回：「你餓了啊！媽媽有準備你最愛吃的點心哦！」

這就是「愛」！

如果小女孩表示：「我吃飽了，吃不下了！」

媽媽說：「好哦，那我們先收起來，等你餓了，想吃再吃！」

這也是「愛」！

但如果孩子不感到餓，而父母要求一定要吃時，這就不是愛了。

別假愛之名，行宰制孩子之實

「你給孩子的愛，對了嗎？」是一個能夠幫助父母思考教養核心的根本問題。

父母總認爲自己爲孩子做牛做馬，爲孩子的生活大小事忙碌，過著每天繞著以孩子爲中心團團轉的生活，到頭來卻讓孩子抱怨父母管太多，孩子也沒有因爲父母爲自己做那麼多事而更感謝父母或愛父母，甚至是，父母做愈多，孩子的內心居然還感受匱乏？這往往也是父母陷入挫折的困惑點，不懂到底哪裡做錯了。

其實，錯不在於父母爲孩子的辛苦忙碌，而是愛的方式給搞錯了。

「媽媽愛你，所以外套要穿上，才不會生病感冒。

媽媽愛你，飯要吃完，才會長高長大。

媽媽就是因爲愛你，所以才會罵你、打你。

媽媽就是因爲愛你，所以才會對你生氣。」

這樣的愛，是愛嗎？還是爲了父母自己的方便？別成了假愛之名，行宰制孩子之實。

當愛的觀念正確，才能輕輕鬆鬆享受與孩子之間的樂趣；觀念錯了，愛就消失了，方法錯了，就容易造成親子關係的緊繃。

2

恰到好處的愛，感受會更強烈

當我忙碌工作一整天，又累又餓的回到家，看到餐桌上擺好了另一半已經煮好的晚餐時，當下飢腸轆轆的我就會大喊：「好幸福哦！」

在愛中長大的孩子，較有足夠的安全感與歸屬感。

那麼，要如何讓孩子感受到愛呢？

當對方需要關懷時，適時的提供溫暖，才會讓對方感受到被愛被關懷的感覺。

請記得八字箴言：「愛是需要的時候給。」

我個人領悟特別深刻且最有感的是，當我忙碌工作一整天，又累又餓的回到家，看到餐桌上擺好了另一半已經煮好的晚餐時，當下飢腸轆轆的我就會大喊：「好幸福哦！」

餓了立刻就有東西可以吃，心中的感受就會是另一半好愛我！

但是，當我不餓或想控制體重時，一樣是看到滿桌的菜餚，心中就會無感；如果另一半又好意要我「趕快吃！」「還不吃！」，我又一再地表示不想吃還被要求時，就會感到好有壓力，這時候可是一點愛的感覺也沒有啊！

有位媽媽來諮詢，提到了她想幫孩子轉學考美術班的想法，她說，小二的兒子從小就很喜歡畫畫，老師也覺得兒子很有天分，所以媽媽打算讓孩子去考美術班，可以得到更多的專業訓練，接受更正統的美術教育，對孩子的美術基本功是有幫助的，將來也會是一個出路，萬一他對讀書沒有興趣，還可以靠教畫畫來養活自己，就像是培養一技之長的概念。

媽媽似乎把孩子未來的人生規畫都想得很仔細，而且也認爲這是對孩子最好的安排。但，媽媽卻感到困惑，爲什麼兒子說：「我不想轉學！」媽媽苦口婆心的勸說，「讓專業的老師教，會學到更多，對你更好也會更有幫助，而且你又那麼喜歡畫畫！」結果，兒子回她：「我喜歡畫畫，但是，我爲什麼一定要轉學？」當下把媽媽給問倒了！

於是媽媽問我：「兒子說他不想轉學考美術班，那我怎麼跟他說比較好呢？」

我仔細聽完媽媽的描述，腦海中浮現的一句話就是「愛，是需要的時候給，恰到好處時，愛的感受會更強烈」。我問，如果孩子不想要轉學考美術班，即便他具有非常高的美術天分，「你還是會強迫他去考嗎？」這問題把媽媽問得更困惑了！

如果有天孩子告訴你：「我想要有老師教我怎麼畫會更好！」此時你說：「好的，媽媽來幫你找學校，找專業的老師來教你。」我想這個時候，孩子才會覺得媽媽是愛他的吧！

我想到了我的好朋友，她兒子從小就愛吹蕭、吹笛子，除了睡覺吃飯，其餘的時間就是一直不斷的練習，即使廢寢忘食也樂此不疲。朋友夫妻倆一路支持孩子的興趣，要考哪一所學校、要找哪一位老師，讀哪裡、住哪裡，父母都陪著。這次，兒子要舉辦個人獨奏會，父母不但花錢找場地，還積極地邀請朋友來參加兒子的首場獨奏會，整個音樂會，讓現場的親友團都好生感動。

演奏會結束，這大男孩上台致詞，拿著小抄靦腆說話的樣子，和台上演奏時的自信滿滿判若兩人，他說：「我的媽媽眞的很厲害，可以邀請到一百多人來參加我的首場獨奏會，謝謝我的爸爸和媽媽。」「我的父母居然幫我辦到了！」言下之情，充滿著對父母最大的感謝。

當孩子需要愛時給出，這麼一來，孩子將更能感受到父母的愛！

3

父母是「愛的生產者」還是「愛的消費者」？

如果你是愛的生產者，那麼生活中，一切都是對的，是快樂的，是健康學習型家庭；如果你只是愛的消費者，那麼會是生活中總是充滿壓力及不快樂的危機型的家庭。

在親子講座時，爲了方便大家思考「愛」是什麼，我會請問在座的父母：「你認爲在『父母愛孩子』這五個字中，誰是愛的生產者？誰是愛的消費者？」

通常父母都會立刻回答：「當然是父母啊，父母是愛的生產者，因爲父母爲孩子付出得比較多。」

但眞的是這樣嗎？父母眞的是愛的生產者嗎？

讓我們來看看日常生活中最常見的例子：當孩子肚子餓了，媽媽準備餐點給孩子吃，孩子吃得很滿足，感受到媽媽好愛我，那麼媽媽是愛的生產者；但如果孩子很乖，把媽媽煮的愛心飯菜吃光光，沒有邊吃邊玩，而且飯後還跟媽媽一起收拾擦桌子、洗碗筷。媽媽對孩子說：「你眞棒！媽媽好愛你啊！」那麼此時，媽媽是愛的消費者；因爲孩子表現好的行爲讓媽媽感到心情非常愉悅，那麼此時，孩子就是愛的生產者。孩子吃不下或者想玩不願意再吃的時候，媽媽說：「好吧！不吃，那我們先收起來，你好好的去玩吧！」孩子感覺到媽媽好溫柔，這時候，媽媽就是愛的生產者。

孩子考試成績不理想，媽媽生氣的責備孩子不用功，指責孩子說：「你就是不認眞，所以才考得不好。」而有一天孩子考了滿分回家，媽媽說：「兒子啊！你眞棒！」「眞是我的乖兒子啊！」這時，媽媽是愛的消費者。

孩子考得好，讓媽媽有面子，所以這時，孩子是愛的生產者。孩子製造了讓媽媽心情喜悅的能量，媽媽不過是消費孩子的愛而已！如果在孩子考試成績不理想時，父母說，「我陪你一起看有哪些部分是不懂的。」「我陪你訂正吧！」包容孩子，不因爲成績不理想而罵小孩，這時候的父母，才是愛的生產者。

當孩子明明就愛睡卻捨不得睡而有情緒時，你會包容安撫直到他睡著嗎？如果是，那麼你就是愛的生產者；如果你花了許多時間陪孩子睡覺，而孩子躺在床上翻來翻去，就是不願意睡，你會因此而大發脾氣的罵小孩，要他們不睡覺去罰站嗎？那麼這個時候，你就不是愛的生產者。

孩子很乖，媽媽很愛，那孩子是生產愛的能量的那方，父母是因為孩子很乖很聽話而愛孩子，那麼父母不過是愛的消費者而已；反之如果孩子吵鬧、講不聽、無理取鬧，父母能夠用同理心來理解孩子的內心需求，並且包容、體諒、陪伴孩子成長的必經過程，那麼這個時候，父母才是愛的生產者。

孩子哭的時候，不聽話的時候，調皮搗蛋的時候，父母能夠包容孩子，父母就是——愛的生產者。

孩子有良好且正向行為表現的時候，父母很愛他，這時父母是——愛的消費者。

孩子無理取鬧，父母跟著生氣或打罵，這時父母和孩子同時是——愛的消費者。

父母營造溫馨和諧的家庭氣氛，孩子感受到有愛的氛圍，行為穩定，這時父母和孩子兩者都是——愛的生產者。

一個家裡，愛的生產者愈多，家庭氛圍愈好，親子關係就愈好；如果父母、小孩都是愛的消費者，那肯定是吵鬧衝突不斷了！

如果你是愛的生產者，那麼生活中，一切都是對的，是快樂的，是健康學習型家庭；如果你只是愛的消費者，那麼生活中，總是充滿壓力及不快樂的，是危機型的家庭。

思考一下，身爲父母的你，是扮演生產者的角色居多，還是消費者的角色多呢？

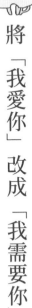

4 將「我愛你」改成「我需要你」

我們愛他人，是因為「愛」還是基於自己的「需要」呢？是「我愛你」還是因為「我需要你」，兩者有很大的不同！

你是否曾經想過，我們愛他人，是因爲「愛」還是基於自己的「需要」呢？是「我愛你」還是因爲「我需要你」，兩者有很大的不同！

如果是需要，那麼就跟「假愛之名，行宰制他人之實」的意思相同。把自己的「需要」包裝成「我愛你」，希望孩子好好的用功讀書：你覺得，這是「愛」孩子的表現，還是父母「需要」面子的問題？

孩子在學校行爲表現優異，品學兼優，父母當然會感到光采。所以，要求孩子的課業學習是「愛」還是基於父母面子的「需要」？這背後的眞正原因，就要自己好好思考了！

我在拙作《我心裡住著一隻刺蝟》中，描述了許多與防衛機制相關的故事，也提到潛意識是很狡猾的，明明是自己怕面子掛不住，卻包裝成「我罵你不認眞學習的態度，是爲你將來著想。」

一位媽媽跟我說，她的兒子功課老是不寫或遲交，學校老師經常寫聯絡簿要媽媽留意並協助，爲此，媽媽感到很苦惱，打也打了，罵也罵了，孩子每次都騙我說功課寫好了，或今天沒有功課，實在拿他沒辦法。

我告訴這位媽媽，不妨先思考一下問題的本身：當看到孩子被老師寫聯絡簿要求父母協助時，心中泛起的情緒是什麼？

「覺得自己被老師誤以爲不是用心的父母，好像被老師指責了，很沒有面子啊！」這位媽媽說。

是的，當這個想法興起，情緒就來了。於是，媽媽生氣的責備孩子，「你爲何功課不寫，還讓我被老師說！」「我問你功課都寫好了嗎？你還說謊騙我！」——這是父母的「需要」而非「愛」。

如果親子的對話可以改成，「功課沒交，老師特別花時間來關心我們，是不是因爲功課太難，還是有其他的困難需要媽媽在家幫忙協助的」，再加上「暗示引導的說話方式」告訴孩子：「老師需要你的配合，如果班上的小朋友多一個人沒有完成功課，老師就要多花很多時間去關心，這樣老師會很累、情緒不好，就會處罰你再多寫功課，這樣我們都不會太開心！」

這麼一來，這是會比直接指責孩子來得有用的引導用語。

再舉一個例子：當孩子老是不主動拿聯絡簿出來時，以「媽媽需要你的配合，簽名交回給老師是媽媽的功課，你沒完成，媽媽的功課就交不了，所以媽媽需要你的配合」，取代「為何你每次功課都不趕快寫」「為何都要我生氣罵人你才記得」的責備句，將有助於親子之間的連結。

當孩子在外的行為表現良好，讓媽媽很有面子時，也請謝謝孩子的配合，告訴孩子媽媽真的很需要。

用媽媽愛你，「需要你的配合回饋」，而不是「枉費媽媽這麼愛你，你卻不聽話！」用「媽媽需要你」幫忙做家事，而不是開口就指責「你都不做家事」。錯誤的「我愛你」，有可能變成情緒勒索，改成「我需要你」則是榮耀他人的存在，滿足孩子有被需要的成就感。

將「我愛你」改為「我需要你」，也非常適用於兩性關係。

一位女性來進行婚姻諮詢，她說，老公與公司的女同事互動過度密集，讓她陷入焦慮，起伏不定的心情影響到整個日常生活，內心莫名地不安，有一天吵架時，對著老公大罵說：「枉費我這麼愛你，你卻這樣對待我！」

或許，當我們試著把「我愛你」這句話改成「我需要你」，告訴另一半：「我需要你的陪伴與關心，因你與女同事走太近，讓我感到焦慮。」表達自己與整個家對老公的需要。

指責對方「我這麼愛你，你竟然@#$%！」，反而會破壞夫妻情感。

如果在婚姻的路上，不想走到離婚的結果，那麼，這會是一個非常重要的心態轉變。先清楚「我愛你」還是因爲「我需要你」，才能夠眞正懂得「愛」是什麼。

5

父母給孩子的是「愛」還是「礙」？

相信每一位父母都認為自己是愛孩子的。
但有沒有可能，你的作法，反而是在阻礙孩子呢？

一位年輕媽媽來諮詢，她說自己好像變成「沒有情緒的人」，對很多事情都覺得無感。

「當孩子想對我表示體貼的時候，雖然我表面回應是開心的，但我自己知道，這是刻意表現出來的，並不是發自內心。」她說。

聽了她的困擾後，我先輕鬆地與她聊些不相關的話題，她滿臉笑容的跟我分享她的所見所聞，此時，我先打住話題，接著問她：「你剛才一臉笑容地跟我聊天，是裝出來的嗎？」她納悶地回：「沒有啊！」

「我看你輕鬆自在的肢體動作和愉悅的臉部表情，這麼的自然，你怎會覺得自己是沒有情緒的人呢？」我問。

這位媽媽聽我一說，似乎也覺察到了，發覺自己並不是眞正沒有情緒，也並非無感。

原來，她的心中壓抑著一段與原生家庭的記憶。

她告訴我，大學時，她一直想要讀美術系，可是父親很反對，認爲讀美術沒有未來，無法當飯吃。猶記，她曾經很努力地想要讓父親明白她對美術的熱愛，把得獎的作品拿給父親看，以爲他能改變心意讓她去讀美術系。但是，父親依然否定，堅持要安排她去讀父親認爲有前途的科系。大學四年的生涯，也就心不甘情不願的念到畢業了。

說著說著，這位媽媽又告訴我，她的興趣是畫畫，但有一點連自己都感到很奇怪。「明明我很喜歡畫畫，但如果畫壞了或覺得自己畫得不好的時候，會感到很生氣！不知道自己爲什麼會這樣？」

「有沒有可能是因爲當年你想畫好，是爲了向父親證明你是會畫畫的，卻換來一次次被父親拒絕。所以當自己認爲畫得不好時，就會感到生氣？」我試著問。

「你現在並不需要爲了跟誰證明你是會畫而畫，也不會有任何人會來批評你、責備你，或者是否定你，對吧？」

她點點頭，主動告訴我，另一半也很鼓勵她再拿起畫筆，而每當她在家裡隨手畫的時候，小孩也很高興，直說「我也要跟媽媽一樣很會畫畫！」

找回自己的興趣，這是多麼美好的事情啊！她在談話過程中有笑有淚的，怎會是一個沒有情緒的人呢？

原來童年時，父母以爲給孩子的是「愛」，但其實是「礙」，因而形成內心的一道陰影。

在我的社團中，經常有媽媽來問各式問題。

有位媽媽，她是眞的非常愛孩子，總認爲要幫孩子打好健康基礎，想讓孩子吃得營養，所以非常重視與講究該給孩子吃什麼，三餐都很認眞的搭配均衡飲食，包括五行的各種顏色蔬菜水果，都考慮到了，就因爲太用心準備了，所以她要求孩子一定要把飯菜吃光。

但對於孩子而言，被逼著邊哭邊吃，那還能有營養嗎？

父母都說爲了孩子好，安排孩子上名校，學習能幫助加分的才藝，出社會後要做什麼樣子的工作，成年後要嫁入什麼樣的婆家，要娶什麼樣的老婆，都在父母認爲的（我是多麼愛你）的心情下，幫孩子安排好，沒有思考過這到底是孩子的人生還是父母自己的，也從來沒有想過，這些安排孩子眞的喜歡嗎？

如果，上面的情況，你也覺得似曾相識，也或許你曾經被這樣對待，卻又無意識地複製到下一代時，不妨想想，這是「愛」還是「礙」？

6

「愛」與說話的關係

愛從說話開始，說出來的話讓彼此的感受都好就有愛，話要怎麼說，決定愛的感受有多少！

我們每天都在說話，但是否都能讓孩子從父母的話語中感受到愛呢？

在此，先提供一個說話公式：正面的語言、溫和的語調，少用禁止句。

正面的語言有：關懷句、肯定句、禮貌句、讚賞句、詢問句。

負面的語言爲：否定句、命令句、責備句、質問句、權威句。

那麼，我們要如何覺察自己的說話方式是正面的多，還是負面的多呢？

我經常會邀請父母在一天中的三個時段：「早上起床時」「吃飯時」以及「每晚睡覺前」，先把手機的錄音功能打開，然後如常的與孩子對話，將以上這三個時段與孩子之間的對話錄下來，等一天結束，孩子都睡著了之後，再把手機裡的錄音點開，好好的聆聽自己都是用怎樣的口氣在說話的呢？

有些父母聽完就先笑了。

這幾個時段，媽媽們應該都在吼小孩吧！

沒錯，父母往往是沒有自覺的在跟孩子說話，一大早開啓的親子對話，就是從「還不起床，都幾點了，上學要遲到了！」「還不趕快吃，不要再邊吃邊玩」直到睡前的「我數到三，再不給我睡覺你試試！」

愛，從說話開始，然而我們說的話，卻都讓人感受不到愛！

如果親子間的對話，都是否定句、責備句等負面的語氣較多，孩子無法從父母的言語當中感受到愛，就會產生情感孤獨。

當孩子沒有做好該做的事時，父母的確要提醒或糾正，但如何說到讓孩子聽得進去且願意做，這才是重點。

請正視孩子的正向行爲表現，好的行爲立刻給予正增強，強化孩子好的行爲而給予讚賞。

以下舉幾個常見的情境，我們一起來練習。

情境一：孩子在餐廳裡跑來跑去時，你會怎麼說呢？

「在餐廳裡，我們不能這樣跑哦！」「老闆端菜萬一被撞倒，很危險會受傷哦！」「所以在餐廳裡，我們要慢慢走哦！」「或是你想坐在這裡陪媽媽呢？」

說話重點：孩子有負向行爲表現就要調教。法則是：先告知正確的行爲，再說明不正確的行爲後果，最後與孩子說明爲何要這樣做，這就是正確調教愛的說話方式（請參閱184頁）。

情境二：孩子飯前吵著要吃餅乾時，你會怎麼說？

孩子飯前要求吃餅乾時，父母應該都會直接回答：「不行，等一下要吃飯了，把飯吃完才可吃餅乾！」孩子一聽到不行、不可以（禁止句），被拒絕情緒馬上反彈，接著父母的話就很難聽得進去了，情緒一來就更難調教。

父母可以這樣說：「當然可以啊！但是我們只能吃一個哦（或三個，或一點點）。」「因爲等一下，我們要吃晚餐了，有你最愛吃的食物哦！」

「媽媽，我還想要……」

「肚子很餓了是不是？」（關懷句）

「那我們再吃一個就好。」（體貼句）

「這是最後一個囉！」

「給一個，再給一個」是滿足心裡感受，「這是最後一個」則是讓孩子有心理準備。

如果不給予餅乾，也可以告訴孩子，「我們今天會早一點吃晚餐哦！」「晚餐有你最愛的吃的魚、肉、青菜、還有飯，吃這些才有營養，身體健康才會有力氣哦！媽咪最愛的小寶貝！」（抱抱、轉移注意力）

如果是放任的給，無限制的給，就成了溺愛；一味地限制、威脅、責罵，則成為陰影。

情境三：請孩子幫忙時，你會怎麼說？

看了上面的幾個練習，接下來，讓我們來看看不同句型的感覺。

「去把抹布拿來！」（命令句、權威句）

「孩子，你有空嗎？幫媽媽拿抹布，好嗎？」（詢問句）（禮貌句）

「謝謝小幫手！有你幫忙眞好！」（讚賞句）

若孩子拒絕時，父母可以回：「好吧！」「那我自己來吧！」

孩子叫不動的可能原因是「愛不夠」。不想被支配，可能是「玩不夠」，也可能是「情境不夠」。對平常父母管教的不滿，也可能是「做事不夠」被保護過度，父母都幫忙做好，沒有培養孩子動手做的習慣。

情境四：吃飯時間到了，你會怎麼說？

接下來，讓我們來思考，當吃飯時間到了，怎麼叫孩子來吃飯呢？看看下面的句子，如果你是孩子，會希望聽到什麼？

「要來吃飯了嗎？」vs.「還不快來吃飯！」

「還想再吃一口嗎？」vs.「趕快吃！」

「不想吃，媽媽先收起來哦！」vs.「沒吃完，不准給我下去！」

「吃飯才會長高高哦！」vs.「你就是不吃飯才會長不高！」

「媽媽看你吃就好開心哦！」vs.「你都不吃，媽媽很生氣！」

話說對了，才能有被「愛夠」的感覺，才不會讓父母感嘆：爲何我替孩子做牛做馬，但怎麼還是愛不夠，故意跟我唱反調。「到底是哪裡做得還不夠！」父母愛孩子的心肯定有，不當的說話方式，就把愛又收回來，孩子也得不到愛的感受了。

愛跟說話有很大的關係。改成愛的說話方式，自己的口氣會比較溫和。而且，如果都用責備句、否定句時，也會引發出自己內心某種程度的焦慮或煩躁感。

7 說話是一種刺激

說話是一種刺激，好的話語可以瞬間改變孩子的情緒，做出良好的行為，也可以瞬間刺激情緒，產生不好的行為。

前面我們提到手足一起玩的例子，兄弟姊妹一起玩，難免會有搶玩具、爭執吵鬧的時候，當其中一個孩子來告狀時，媽媽怎麼說話就是一個非常重要的關鍵。例如：弟弟跑來跟媽媽告狀：「哥哥打我！」

媽媽問哥哥說：「你爲什麼打弟弟？」

哥哥：「是弟弟一直亂弄我的玩具！」

媽媽：「那你也不能打弟弟啊！」

這個時候，哥哥就會愈來愈討厭弟弟，甚至更不喜歡弟弟。

手足吵架時，媽媽責備句的語法，就是刺激手足關係不好的關鍵。

弟弟來告狀哥哥打我，如果改成如下的對話：

媽媽：「這樣啊！哪裡痛痛嗎？」

哥哥：「是他一直亂弄我的玩具。」

媽媽：「喔？這樣啊！」

「弟弟你也想要玩哥哥的玩具嗎？」

「你一定覺得哥哥的玩具很酷，對吧！」

「那我們要來問哥哥，可以借我們玩一下下好嗎？」

哥哥：「好吧！」「那你不能把我的玩具弄壞喔！」

媽媽：「來，我們謝謝哥哥、哥哥眞棒！」「哥哥眞愛弟弟。」

弟弟：「謝謝哥哥，我會好好珍惜玩具喔！」

媽媽：「兩個都是我的好寶貝，兩個一起玩，會更有趣哦！」好的話語也可以刺激手足關係變得更好。

又如果哥哥堅持不借，那媽媽可以說：「哦哦～哥哥現在想要自己玩。」（而非指責哥哥不給你玩）轉移注意力，用另外的玩具引開弟弟。

此時，如果哥哥又回來要求交換玩媽媽拿給弟弟的玩具，這時，媽媽可以說：

「哇！哥哥想要跟弟弟一起玩耶！來，我們一起玩吧！」

目的就是少用會引發對立的語言，刺激手足內心衝突的機會。

我們再來看看不同的案例，孩子正拖拖拉拉的寫功課。

媽媽：「都幾點了！怎麼還在寫功課？」

孩子：「功課很多啊！」

媽媽：「最好是功課太多，我看是你邊寫邊玩。」

媽媽：「我剛才就跟你講要認眞一點寫，你就講不聽……」

孩子繼續拖拖拉拉，愛寫不寫的，浪費時間。

不想寫功課又不得不寫時，孩子的內心肯定是有情緒的，情緒下較容易產生懶散的態度，如果媽媽再用責備的口氣唸孩子拖拉的行爲，那麼就會產生更不想寫功課的情緒了。如果改成：

媽媽：「都幾點了！怎麼還在寫功課？」

孩子：「功課很多啊！」

媽媽：「哇！那要不要先休息一下呢？」

媽媽用讚賞的眼光看著孩子的作業「你字寫得很整齊哦！」「這裡寫得眞好！」

媽媽：「需要媽媽陪伴你嗎？」「我們動作加快，來把功課寫好，我們才有時間聊天哦。」

得到肯定的孩子，情緒就會產生不同的變化，而變得做事積極。

父母問：我的孩子很不愛跟人打招呼。

媽媽：「看到長輩爲何不喊呢？」

長輩：「對啊！看到爺爺、奶奶，也不跟我們打招呼呢。」

媽媽：「不可以沒禮貌，還不趕快叫人！」

我常會提醒父母，禮貌是學習來的，不是罵來的，罵出來的禮貌，也只是表面應付，不是眞心想要禮貌待人。

當父母指責孩子沒禮貌的同時，是否先反思自己有沒有跟長輩打招呼呢？還是自己不喊，只要求孩子呢？父母罵孩子沒禮貌，也不代表父母有教孩子要跟長輩打招呼這件事，而被父母責備沒禮貌的孩子，也更不想打招呼了。說話是一種刺激，也許孩子正在準備要跟長輩打招呼了，結果被罵沒禮貌，心裡想打招呼的念頭就又收回去了。成人很多時候，也都會有這樣的經驗吧！正想要做對某人好的事，被某人凶的態度或口氣，自己就收回了。

關於打招呼這件事，確實是要教，但可以用引導或暗示的口吻：「我們來跟長輩打招呼哦！」「你眞的很有禮貌哦！」有位爸爸說：「我也有這樣教，但孩子一樣不願意打招呼，怎麼辦？」若孩子當下還是不願意叫人時，就由父母自己先跟長輩打招呼，先不急著要求，等一下，若孩子有玩的需求，或想要人幫拿玩具時，父母可以適時地請孩子找爺爺奶奶幫忙，孩子自然就會開口喊，這時，父母可以立刻給予正增強：「你有跟爺爺奶奶打招呼，爺爺奶奶好開心。」

說話是一種刺激，好的說話方式，引導孩子正向的行爲表現。

8 同理心是愛來的，不是教來的

父母要能先同理孩子，孩子自然就會同理他人，這也是一種被愛被關懷的心理滿足後，才能發展出來的心理素質。

在一次諮詢中，媽媽氣急敗壞的跟我說：「我的孩子很沒有同理心！」接著開始敘述孩子的種種不是，「怎麼會有這樣的孩子?居然在我受傷時默默的走開，看也不看我一眼，連問一聲『媽媽，你還好嗎？』都沒有耶，就是一副漠不關心的態度，讓我當下的心情真的很不好。」

「他怎麼會那麼沒有同理心！」「感覺很無情！」媽媽重複著說。

我大概能理解這位母親當下的心情，人在不舒服時最想得到的就是家人孩子的關心，若有人關懷，病痛感好像就會少了一大半，獲得心理安慰。

等這位母親發洩完難過的情緒之後，我反問她，平常孩子跌倒受傷時，你都是怎麼跟孩子說話的？

媽媽被我突然一問，不假思索地回答：「誰叫你不小心！」我微笑的看著媽媽，說道：「同理心是被愛來的。」「是能被同理對待而自然模仿來的。」「同理心不是被教育來的。」此時，媽媽似乎覺察到了什麼：原來我在孩子受傷時，並沒有關心孩子是否疼痛，反而是先責備「誰叫你不小心！」所以，當我受傷時，他才不會用關心的口吻來對待我。

沒錯！正是這樣，所有行爲都是模仿來的，語言、口氣、臉部表情都是從情境當中自然而然薰陶而來，當父母用同理心來對待孩子，孩子也才會懂得原來什麼叫作「同理心」。如果父母對待孩子因不聽話而受傷時的口氣還可以是溫和的：「你還好嗎？」「有沒有事呢？」「來，讓媽媽看一下你的小傷口哦！」那麼，當父母受傷或身體不舒服時，孩子自然就會有這樣溫馨的話語。

父母用同理心對孩子，孩子才能用同理心對別人

解釋「同理心」的使用技術時，我舉了個例子，如果你看到大寶冷不防的捏了二寶，或往二寶的頭或臉直接地拍了下去，媽媽你當場的反應會是如何？是否會用

如下的語氣叫住大寶？

「你過來！」

「你不要以爲我沒看到哦！」

「你爲什麼要這樣呢？」

「你是哥哥，怎麼可以打弟弟呢……」

責備句，並不會發展出大寶的同理心與愛護手足之心。

當父母在面對大孩子所謂不合理的行爲時，可以先同理他們可能的內心感受，也許大寶想要讓媽媽像照顧弟弟一樣的愛和溫柔對待自己，但小小的內心裡，卻感覺到爸爸媽媽只抱弟弟，都不理我。因此，動物性本能的衝動，手一下子就往弟弟的臉上拍下去了。能被同理的大寶，才能感覺到自己被愛，進而才能愛手足。

以上的例子，對話可以改成：

「哥哥，你想跟弟弟玩嗎？」「我們動作要輕輕的哦！」

「來，媽媽跟你說，我們不可以這樣捏弟弟哦！」

「我們一起來跟弟弟輕輕摸摸，親親弟弟。」

說話的同時，媽媽的手也要輕輕的摸摸大寶，讓大寶也感受到媽媽是愛他的，有愛才能調教大寶的行爲，不被媽媽當面指責，還能被溫和的調教，才能激發哥哥的良知，進而友善的對待弟弟。

同理心就是能感同身受，當你做錯了一件事時，是想聽到被人責備的話，還是被同理、被接納的話？用自己喜歡被對待的方式對人，就是同理心。父母能用同理心對孩子，孩子也才有機會學習到如何用同理心對別人。

做同理心的練習，自己的心也能柔軟溫和，比較快樂。同理心就是愛！

9 孩子哭的時候，你會如何說話呢？

家是談愛的地方，家是給愛的地方，家是讓人感覺放鬆、安心的地方，如果孩子哭也不能，大笑也不能，那這個「家」還能有愛嗎？

教養諮詢的工作中，經常會發現一些很有趣的現象，例如：孩子哭泣時，大人會說：「不要哭！」孩子笑得很大聲時，大人會說：「不要笑那麼大聲。」這是不自覺而權威管教的大人，習慣性的支配孩子的所有行爲，這樣怎會有愛的感受呢？家是談愛的地方，家是給愛的地方，家是讓人感覺放鬆、安心的地方，如果孩子哭也不能，大笑也不能，那這個「家」還能有愛嗎？

孩子哭的時候，你可以這樣做

當年幼的孩子哭時，請給予立即回應，可以用輕、慢、柔的說話語調回應他，撫摸他、對他微笑。根據後心理動力學派艾瑞克森的理論，人格階段的發展，0到1歲左右心理發展的關鍵，就是要建立對人的信賴，嬰兒要在充滿安全與愛的環境中，才能發展出對人的信任，長大後也會信任別人。但如果這個時期的嬰幼兒覺得情境不安全，且沒有被愛的安全感，那麼長大後也就無法信任別人。這會影響到孩子未來的人際關係，一個人的人際關係發展良好與否，取決於在幼兒時期和父母的互動關係，親子間發展出良好的依戀關係，父母才能調教他們適應以及符合社會化的規範。

2歲以上幼兒哭時的調教方式

抱他，等待，不說話，事情交待完畢，最多只能說兩遍，講過度就變成嘮叨。

在賣場往往會見到一種現象，幼兒哭著：「我要買玩具，我要吃冰淇淋」……通常父母會在一開始時，安撫小孩「今天不能買玩具哦！」「今天不能吃冰淇淋哦」，但當孩子哭到聲嘶力竭就是想要，父母拗不過時，就會說：「好啦！你不要再哭，我買給你，下次不可以再吵鬧哦！」

曾經有位學員是一家玩具店的店員，跟我分享說她經常在店裡遇到這樣的狀況，父母也是很奇妙，總是到了孩子倒在地上哭鬧時才願意買。她納悶，如果要買，爲何還要孩子大哭三十多分鐘再買呢？其實，這就是教養盲點。

帶孩子逛賣場，很容易就會遇到孩子想買玩的或吃的，如果父母決定不買玩具，孩子因爲不被答應而哭鬧時，可以使用肯定句型的語法、溫和的口氣說：「我們今天不買東西。」倘若解釋說明後，孩子還是一直哭一直吵鬧，這時父母就不能再說話了。看父母沒有回應，孩子頂多再哭個二十分鐘，知道哭沒用，就知道不要用哭來當手段，這也是給孩子學習適應社會化的過程。

如果父母一直重複著說「你不要哭、不要再哭了！」孩子肯定會繼續哭，本來哭聲都快停了，如果父母又來一句安慰話，孩子發現可以引起父母注意，又可以持續下一個二十分鐘，哭到你心煩爲止。最後父母就發脾氣了，恐嚇孩子「不許再哭，否則就不帶你回家」，在半路上開罵，孩子就愈哭愈大聲。另一個可能是，父母看到孩子哭成那樣，於是就說：「算了！買給他好了，又沒多少錢。」

如果是在公共場合哭不停，打擾到別人，法則是抱離現場加上不說話，而不是冷漠或鄙視或不理他。不說恐嚇的語言，不說過度安慰的語言。如果是在家裡時哭不停，那麼法則是等待，讓他發洩完畢或轉移注意力，發現其他有趣的事物。

10 父母有情緒不調教小孩，孩子有情緒父母不說教

情緒下所說出口的話，都是非理性的居多，往往愈講就愈刺激彼此的情緒。

常有父母來諮詢時說：「孩子好會頂嘴！」其實孩子頂嘴的行爲所呈現的背後問題，有可能是因爲父母不自覺的囉唆、嘮叨或過度的說教，把孩子也給激怒了，情緒衝動下自然就是做出頂嘴的反應。然而，當父母看到孩子態度不好又頂嘴，父母更生氣之下說的話更難聽，就是一種惡性循環。

諮詢時，我總提醒當父母在情緒下大聲吼小孩的時候，孩子會本能的自我防衛的消極攻擊，根本沒在聽父母正在爲什麼而罵，只聽到父母罵人的口氣，看到父母生氣的表情，內心解讀就是：「媽媽真的很愛生氣！」想要保護自己，心裡想的是

如何避免被罵，或趕快離開現場，而根本沒有在聽父母到底在說什麼。

有位媽媽問我，不是應該要求小孩不可以亂發脾氣嗎？沒錯，但不是在情緒下說，而是要在兩人情緒都好的狀態下，跟孩子聊聊如何正確表達情緒這回事，如：說出自己心中的所想所感，鼓勵孩子說出情緒的感受，如：「我很生氣。」接納孩子的情緒，也是一種對情緒的支持與理解，而非生氣的要求孩子不可以生氣。

有位媽媽很生氣的說，「晚餐都已經煮好，孩子卻吵著說：『我要吃麵。』跟他說家裡沒有麵，今晚只能吃飯，小孩子就哭著一直說：『我不要吃飯啦！』我眞的氣到直接罵他，『不吃就別吃！』每次都這樣爲了吃飯，搞到氣氛都差了。」

遇到這樣的問題時，先了解孩子的情緒背後，有時也可能是「借題發揮」，不一定是跟你生氣吃飯或吃麵的問題，而是假借這個問題來發洩情緒，也許是反應這段時間的需求不滿足，可能是故意引起注意的行爲，媽媽如果太認眞的跟孩子解釋，最後一定會生氣。孩子的情緒是短暫的，有時只是隨性的反應「我不要吃飯」「我想吃麵」，尤其是吵家裡目前沒有的東西，那媽媽就要注意，切記！不需要再針對問題回答。

另一位媽媽也說，有時孩子眞是這樣啊！明明自己說點心不吃了，我一口把點心吃完，他想到又跑來問我，「點心呢？」我跟他說媽媽吃完了，他就開始大哭：

「我還要！我還要！」要另外拿別的給他也不行，就吵著「我要剛剛的那一個」，我說「剛才那一個已經被我吃完了」，就這樣一直哭……原來是想引起注意的討愛行爲啊！

媽媽說：早知道，我就不要跟孩子太認眞！

練習正確的對話方式

孩子：「我不要吃飯，我想要吃麵。」

媽媽：「你想吃麵嗎？OK，沒問題。」（口氣要輕鬆愉悅）——表示接納

「媽媽跟你一樣也想吃麵耶。」「我們下一餐來煮麵喔。」——同理心

「我們一起去買麵，我們一起來煮麵，你想吃什麼口味的呢？你想吃哪一種麵呢？寬麵還細麵，陽春麵、烏龍麵還是義大利麵呢？」——轉移注意力

重點是跟孩子聊天，聊天就有愛，有愛的感覺情緒就會放鬆，有愛就容易配合；唱反調，故意說反話，都是負面情緒下想引起注意的行爲。

11

比較教育＝缺愛教育

孩子天生都具有向善、向上的本質，也具備學習和記憶的能力，就像一張白紙，端看父母如何彩繪。

曾經有個單位，邀請我替他們公司的幼兒社講一場親子講座，主辦方希望我講的主題是「如何提升孩子的ＥＱ」，當下我打趣地回他：「這個主題我不會講！」對方顯得有些疑惑，我解釋說因爲父母的情緒管理能力到哪裡，孩子的能力就到哪裡，那我們要不要先來一場「如何提升父母的ＥＱ」呢？對方會意的笑了。

孩子天生都具有向善、向上的本質，也具備學習和記憶的能力，就像一張白紙，端看父母如何彩繪。如果父母希望孩子心性善良、開朗、熱情、有活力、有自信、耐挫折……這些都跟父母的價值觀具有某些程度的正相關，這也是我後來會從親子講座談教養講到西方心理學，再到東方哲學的原因。每次的親子講座，總覺得最難改變的不是孩子，而是大人的觀念！

不與他人比，而是要發掘自己的獨特

人很愛比，比財富、比外表、比學歷，無所不比，比到最後自己什麼都輸人家一大截。

在月子中心給新手父母上課時，經常會看到這一幕，許多父母隔著玻璃門的嬰兒房外，就能比起來了！

甲：你的寶寶出生幾公克？

乙：三千三百公克！

甲：哇！我的寶寶好小一隻，出生才兩千一百公克！

這時又加入一位製造紛爭的第三人丙（可能是婆婆或其他人），

丙：懷孕時叫你多吃一點，你怕胖什麼都不敢吃，難怪孩子一生下來就這麼瘦小，你看看人家的一出生，就贏了這麼多。

甲：……（內心開始受影響了）。

這就是比較心在作祟。

小孩再長大一些，能比的東西就更多了，國語、數學考幾分啊？念什麼學校呢？學什麼才藝啊？會不會講英文？而父母好像怕自己的孩子比不上，看到別人家的孩子在學什麼，也趕快送自己家的去學。

有自信的父母，孩子學多少，算多少，學會的多讚賞，還不會的，多鼓勵。了解每個孩子都有個別差異性，不要比，比就嫌、就怨，愛就消失了。我也經常反問父母，你喜歡被做比較嗎？如果你的父母老是跟你說，你的姊姊比你會讀書，她的成績好、功課都不用我操心；出社會之後比成就，你哥哥就是比你努力，收入比你好，工作比你穩定；嫁了老公、娶了老婆，也要來比誰的另一半比較好；婆婆說，那一家的媳婦比較會帶小孩，比較會做家事、會做飯……這樣比，任何人聽了心裡應該都不好受吧！

有一回諮詢時，個案說自己也經常被比較，讓人非常不舒服，她說和小姑差不多同時間生育，兩個年齡一樣大的孩子，每次都會被婆婆拿來比較：「她的小孩都會講話了，也會走路了，你的怎麼還不會呢？」什麼都能拿來說拿來比，她被比到在育兒這條路上變得很沒自信，婆媳關係也因此愈來愈不好，甚至跟老公抱怨「可以讓你媽媽不要再比了嗎？」最後，成了夫妻吵架的癥結。

每個孩子有個別差異性，天生氣質不同，後天情境也不一樣，所以不要比。教育法則：莫比、莫嫌、莫怨。不與他人比，發掘自己的獨特性；心態上如果感覺自己被比輸，則容易生傲慢心或自卑心，這兩種都不好。

要有自己獨特自傲的價值觀，才不會一不小心就與人相比較，不要有比較心是眞的很難，可以隨時覺察反思自己內心是否又起了比較心。當比較心一起，負面情緒也就跟著來了。

12 自然教育法VS.人爲教育法

自然教育法是指適時、適性的教育方式。

自然教育就是一種原體驗，從自己的經驗當中學習成為自己的認知或是一種能力。

看什麼說什麼，摸什麼就教什麼

在我們生活周遭，任何人、事、物都可以是幼兒學習的最佳教材。例如：抱著小嬰兒，父母可以說：「這是眼睛，能看很多美好的東西。這是鼻子，可以用來聞味道。這是小耳朵，可以聽到媽媽和你說話的聲音。這是小嘴巴，可以用來說話，唱歌，還有可以吃好吃又營養的食物哦！這是小手手！這是骨頭，肌肉、還有皮膚保護著。這是腳，可以走路、跑步等。」看到情境中有什麼就說什麼，如：「電燈會發出亮亮的光喲！香香的味道是蘋果哦！這是桌子、這是椅子……這是紅色的花、綠色的葉子。」舉凡看到的任何物件，都能當作和寶寶聊天的話題，還能豐富孩子的詞彙與認知。

摸什麼、教什麼的自然教育法

父母可告訴孩子，物體的名稱、形狀、顏色、大小、數量、質感、功用及特性等。等孩子發展成熟了，就會把他們之前聽來的、學來的，組合成句型，發展出成熟的語言表達能力和組織力。自然教育法最重要的是，需要了解孩子的階段性發展，你可以提早教，但孩子不一定能馬上理解或完全達到你的期望。

諮詢時常有的問題，是父母說孩子都不願意分享。事實上，不是孩子不願分享，而是發展歷程還沒到。例如：3 歲自己玩，4 歲和別人玩，5 歲才會把玩具讓給別人玩（愛夠滿足的小孩）。如果你想要 3 歲的孩子分享，把玩具讓別人玩，而他不願意，不是他小氣，只是發展年齡未到，罵他也沒用。想用人為教育法來要求孩子學會分享，要了解孩子自然的發展歷程，父母可以說：「我們一起玩哦！」「大家一起玩更好玩哦！」發展歷程到了就自然成熟。

不能說孩子小氣不分享，那是因為還沒有發展成熟，怎麼分享呢？5 歲的孩子願意分享時，也是把自己比較不喜歡的玩具，讓給別的小朋友玩。即便是大人，也不見得就能做到眞正分享，所以，別一直要求年齡發展未到的小孩。

人爲教育法刻意教大人用自己方便的觀點要求孩子，像是保護過度、干涉太多，非但教不好孩子，還會傷了想學習的意願。有個諮詢案例是，媽媽想要給獨生子一個玩伴，想說來組共學團，讓獨生子有共同學習的伴。於是把家裡的客廳布置起來，揪團找相同年齡的幼兒家長，安排了課程也找了老師，當感覺已達到最美好的安排後，殊不知，共學團漸漸不對勁了。

因爲幼兒年齡都偏小，一起玩時爭吵搶玩具是必然，問題就出在媽媽們的調教方式。這位媽媽總覺得自己是創團的人，也是這個家的主人，爲了表現自己的風範，於是總是要求自己的兒子要把玩具讓給其他小朋友，甚至對自己的孩子說：「如果你玩具不借他人玩，這樣以後他們也不會來我們家玩，你就沒有朋友了哦。」

這天又遇到搶玩具，這男孩就尖叫了，邊尖叫邊扯住其中一個小女孩的頭髮，女孩大哭、尖叫，所有的媽媽情急之下更是指責這個主人的孩子，「快放手，你不可以這樣！」這名幼小男孩更是使勁的扯，小女孩的一小撮頭髮就被硬扯下來了。

小女孩的媽媽生氣了，小男孩的媽媽也生氣了，同聲譴責，而那小男孩跑到桌子底下，躲在裡面不出來了，口裡唸著：「我不要給他們玩玩具。」當共學團的成員一一離開後，媽媽自問：「我是否做錯了什麼？」看著連續幾天，孩子總是不自覺的躲開媽媽。媽媽說：「原來分享是被愛滿足後，自然的發展結果，而非一直口頭說教。」

自然教育法是透過孩子的五種感官功能，以及去經驗去感受而建構來的。

13 眞實看得見的教育VS.理想的夢幻教育

當事件發生時，才是調教孩子的好時機，而非在未發生之前拚命的教，那是虛幻的教育。

諮詢最常見的教養問題之一，就是睡前刷牙這件事，只要孩子不從，大人多半都會恐嚇的說：「如果不刷牙，牙齒會被蟲蟲吃光光，那你就沒牙齒可以吃飯了。」結果孩子某天偷懶不刷，隔天發現牙齒還在，也沒有被蟲蟲吃掉，就會以爲是大人騙他的。刷牙是一件非常重要的事，是要培養良好的習慣，但正確的睡前刷牙習慣，怎麼教啊？

睡前刷牙這回事，你可以這樣做，全家一起刷，人是情境之子，一切都是學習來的，看到父母都如此，孩子自然模仿，久了就成習慣。父母用溫和、輕鬆的語調來提醒刷牙這件事，總比強烈威脅利誘來得好。

另外要提醒父母思考孩子抗拒刷牙的背後因素，是否是因為玩不夠，還不想睡覺？曾諮詢過孩子不愛刷牙的案例，媽媽說孩子本來不排斥的，但有時就會相當抗拒，原來是刷牙完的下一件事就是要上床睡覺，所以當孩子還想玩的時候，就不去刷牙。這要解決的是「玩不夠」的問題，並非不想刷牙的問題；又或者不想刷牙是想借此引起父母注意「討愛」的心理狀態，孩子只要說我不想刷牙，媽媽就會來陪我一起刷，一旦孩子想得到父母的特別關注時，就會用抗拒來引起父母的注意。

孩子不刷牙，是每天都不刷呢，還是偶爾一兩天不想刷？如果不是經常性不刷就先別急著調教，就像有時大人也會因為累或是懶散，而不想洗澡就去睡覺一樣。當然，你也可以使用制約學習的正增強，訂一個達成獎，只要有自己主動的把刷牙這件事做好，就可以得到孩子喜歡的獎賞，直到養成習慣。

總之，多鼓勵孩子刷牙帶來的好處，而不是去恐嚇不刷牙的後果。畢竟，不傷害快樂的心，才是對的調教方式。有一口好牙，卻沒有一顆好心，應該也不好吧！

錯誤中學習，才是最寶貴的體驗

最典型理想的夢幻教育，莫過於要孩子好好念書，將來才有好學校可讀，當醫生，才能賺很多的錢；學才藝，才不會輸人家，以後才會有好的生活……要求孩子不可以生氣，不能沒禮貌，要做個聽話的乖小孩。這麼理想化的人格個性，相信也沒幾個大人做得到，結果這樣理想的夢幻教育，搞得人生到處充滿矛盾，長大後再來尋求精神慰藉。

孩子遇到的事都是原體驗，從錯誤中學習才是最寶貴的經驗，挫折是成長的必經過程，困難是智慧開發的必要元素，而非在未遇到之前就先教，以爲可以幫孩子安排父母心中的那個夢幻未來。

14 自立的教育VS.保護、干涉的教育

經常被否定的孩子，會認為是自己沒能力，就習慣所有事情都要依賴了。父母以為是愛，但其實是干涉太多、保護過度。

有沒有發現呢？2歲左右的幼兒都很愛說：「我自己」「我可以」或「我會」「我要用」等話語。

幼兒天生就會有「想要自己動手做的意願」，但大多數父母怕麻煩而不給做。

父母們，請先了解幼兒非常重要的發展歷程依序如下：

0—2歲依存期：父母給予孩子大量的愛和關懷；

2—5歲自立期：給孩子自我思考、自我行動、自我負責的機會。

5歲後：當內心需求滿足了，自然就會獨立自主愛別人。

獨立不是要求訓練，而是成長的過程中，被愛滿足而發展出來的！

孩子：「要自己吃，自己拿湯匙。」
父母：「你會弄得到處都是飯粒！」
孩子：「我可以自己穿衣服。」
父母：「你穿得慢吞吞！」
孩子：「我要自己玩。」
父母：「我教你，不然等下你會把玩具弄壞！」

父母禁止句的背後，當然是想避免製造自己的麻煩，但孩子想做事的動力就被禁止否定了。經常被否定的孩子，會認為是自己沒能力，就習慣所有事情都要依賴了。父母以爲是愛，但其實是干涉太多、保護過度。

有些來諮詢的父母都會說，孩子的依賴性很高、愛黏人，不喜歡自己動手做，什麼都要媽媽幫忙。孩子不喜歡獨立做事的背後，有可能是因爲父母把幼兒想自立、想做事的芽剝奪掉了。

2到5歲幼童的教育觀念是培養自我思考、自我行動、自我負責的能力，這個能力非常重要，奠定一生受用無窮的基礎，對待此時期的孩子，要多給他們思考的機會，要創造機會供他們思考，更要讓他們有表現的機會。

有些父母是因爲習慣而不自覺地幫孩子盛飯，忘了孩子其實已經有足夠的行爲能力，只要沒有立即危險，都可以讓孩子自己動手做，這也就是培養孩子的自立，喜歡自己做事所帶來的成就感。孩子要吃多少，讓他自己盛，不管盛了多少飯菜在碗裡，都給予讚賞，再詢問孩子「這樣夠吃飽嗎？會太多嗎？」讓孩子學習自己思考，自己判斷自己的食量需求。

自立的能力就從日常的三餐做起，飯後可以讓孩子一起幫忙收拾。能幫父母做事的孩子內心會有安全感與歸屬感，也能滿足內心需求；能自立的孩子有能力做事，也才有能力愛別人。

經常看到父母強迫孩子穿上外套，雖說是擔心著涼，但小孩的活動量較大，不怕冷，如果硬要孩子穿上，而不讓孩子思考自己的身體是否感覺會冷，是否需要穿外套。常被父母保護過度、干涉過多的孩子，不會自己思考、自我行動、自我負責，淪爲溺愛，進而演變成三不三沒有，即不會玩、不想讀書、不想工作；沒有自信、沒有體力、沒有禮貌，最後對人不尊重、對物不珍惜、對事不負責。

不對孩子保護過度、干涉過多，孩子才會有想靠自己努力的態度。在沒有立即危險下，滿足自主性與自發性，他們就會嘗試控制身體與生理反應，如：如廁、拿東西等，如果自己的行爲能力可以控制自如，他們就會有自信。父母肯定孩子的想法，並加以鼓勵，會讓孩子更積極主動地想自己玩或幫忙做事——這才是強者的教育法。

反之，孩童的任何行爲動輒得咎，父母大聲禁止、輕視或嘲笑，認爲孩子礙手礙腳或笨手笨腳，什麼都不會，或父母怕麻煩，都幫孩童做好好的，這也會剝奪孩子的潛能——這就是弱者的教育法。

15

悔改的教育VS.說教的教育

嘮叨只會讓孩子情緒更反彈，對行為的改善一點幫助也沒有。

每當有父母跟我抱怨：「孩子有偏差行爲，好好跟他講也不願意認錯，這種態度對嗎？」我總會先問父母，「如果你做了一件錯的事，你會想要聽到他人當場對你指責、說教，還是包容你呢？」

孩子做錯事被父母罵，就形成了抵債式處罰，這錯事也就扯平了。孩子被罵，也不一定完全明白自己犯的過錯是什麼。感受就是「媽媽罵我」或「媽媽不愛我」。後心理動力學家阿德勒就曾提出「孩子是敏銳的觀察者，卻是最笨的解讀者」，這意思就是說，孩子可以敏銳的覺察到媽媽生氣，但不能理解媽媽生氣是因爲我被講不聽的行爲。

曾經有位媽媽跟我分享孩子在學校推了同學，老師的處理方式非常棒。她說，她女兒的同學故意擋在教室的門口不讓她進去，女兒講了好幾次「請借過」，但對方就是不讓，於是就直接把那同學推倒了。事後，老師出面處理，但並沒有用抵債式處罰，反而是用回應式處罰。老師問女兒說，「因爲同學擋住門不讓你進去，所以你推倒同學，現在你知道了推人是危險的動作，所以不可以推人。我們來想想看，下次有人擋住門的時候，我們可以怎麼做呢？」這小女孩說：「我知道了，下次我不要推倒人，我可以跟老師說。」這幼兒園老師的調教方式眞的是非常有智慧，包含了同理心與溫暖，還有陪伴孩子思考解決問題的辦法，這就是開明權威的教養型態。

如果老師的處理是：「他擋住你，你也不能推人啊！」「推人就是不對。」這小女生的感受就會覺得委屈不公平，或者生氣頂嘴，明明就是對方不對，是他故意擋住！老師說推人就是要罰站，這就是抵債式處罰的方式，也就是專制權威的教養型態。良知教育比說教教育更有用。

有一回，王教授的孫子在玩的時候，不小心碰倒了桌子上的擺飾品，掉了下來整個破碎，教授當場對著孫子說：「有沒有受傷呢？你嚇到了吧！」孫子回說：「阿公，對不起！」教授阿公溫和的說：「來，去把掃把拿來掃一掃，然後用報紙把碎掉的包起來，才不會傷到清潔垃圾的人啊！」

孫子又說了：「阿公，下次我會小心的。」這就是不說教的教育。

嘮叨只會讓孩子情緒更反彈，對行爲的改善一點幫助也沒有。

如果你按照「愛夠教養法」，就可以教出優秀的孩子。如果還有問題，應該是有某些觀念還沒有理清楚，或許是方法和言語用錯了，父母是觀察者，請記錄下來，我們可以再來討論。

愛的能量到哪裡，親子之間的幸福感就到哪裡！

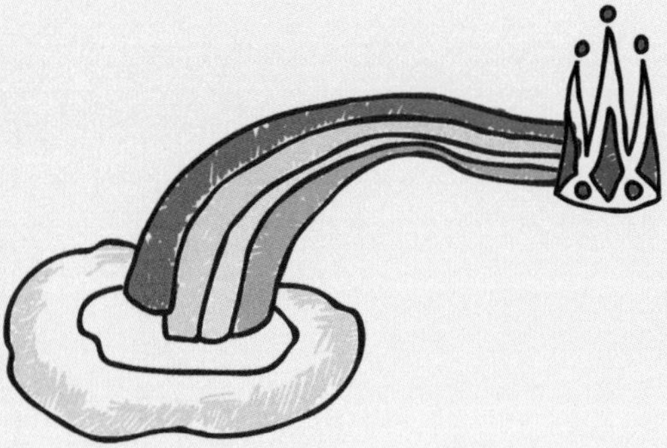

第二部

玩夠

現代的孩子要用「玩夠」來穩定孩子的情緒，玩可以釋放壓力，找到生命的樂趣，令父母頭痛的某些偏差行爲，大概就可以再減少一半了。

1 玩是孩子的生命

「玩」是一種原體驗，當幼兒的原體驗愈多，大腦的靈活度反應就會愈快，神經的靈敏度也會發展得更好。

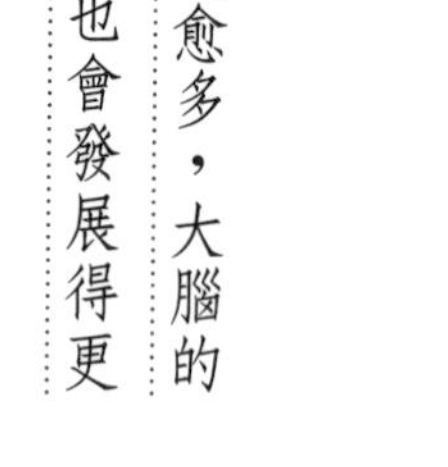

每個孩子天生都愛玩，但是眞正懂「玩」的孩子並不多。大多數孩子幾乎是玩不夠的，甚至有些孩子是不會玩，不知道怎麼玩。

而，懂「玩」的重要性並且願意放心、放手讓孩子「玩」的父母，更少！

過去，父母認爲孩子能幫忙做事最重要，上學讀書是次要，只要把父母交代的事做完後，幾乎都在玩騎馬打拔、玩橡皮筋、玩鬼捉人、玩彈珠……身邊任何隨手可得的大自然物，都可以是一群孩子的好玩遊戲。

然而時代變了，現代父母覺得讀書、學習才藝最爲重要，幫忙家務次之，漸漸

地「玩」這件事就被忽略了。

過去的小孩「玩」是輕而易舉的，讀書的時間是少的，雖然體力好，但普遍而言學歷並不是太高或太好；反觀現代的孩子玩得少，讀書學習才藝的時間幾乎占了一半以上的時間，普遍學歷高、多才多藝，但體力卻是較差。近二、三十年來，感覺統合失調、大小肌肉張力不足、情緒障礙、學習不專注、注意力不集中等情況層出不窮。過去孩子生得多，「教養」似乎也沒有讓父母感覺很難；而少子化年代，爲何會令父母感嘆「教養太難」？其中的關連，實在是可以好好的思考。

現代父母比過去的父母還要更熱中學習教養觀念和方法，學習新的教養觀念是好事，確實能幫助父母的個人成長，但對於孩子必須要會「玩」的這件事，不能再忽略了。現代的孩子要用「玩夠」來穩定孩子的情緒，玩可以釋放壓力，找到生命的樂趣，令父母頭痛的某些偏差行爲，大概就可以再減少一半了。

孩子不專注，不一定是缺乏專注力

學齡前期的幼兒，大部分時間都是在玩的，從好玩的遊戲中自然發展出認知，玩出身體動作能力，還能從遊戲中玩出人際力、玩出專注力、玩出解決事情的能力、玩出內心不安時的自我情緒調節等能力。所以，玩是孩子的生命！

有的父母會說，他的孩子很調皮很愛玩，我都會回答：「愛玩、會玩，且能調皮的孩子，那肯定是聰明的孩子！」夠聰明才有能力調皮，但不是無理取鬧故意作對的那種。

每當父母來諮詢，擔心孩子是否有專注力不足的問題時，我會反問：「玩的時候能專注嗎？」

同時，建議父母跟孩子玩倒沙子的遊戲：把大杯口瓶子裡的沙倒進小杯口的瓶子裡，過程中，觀察孩子專注倒沙的眼神和表情，還會覺得孩子不專心嗎？擔心他們專注力不足嗎？

看！當玩出興趣，孩子就會非常專心。所以很多時候，孩子不專注，可能是對事件本身沒有興趣，而非父母認為的專注力不足或好動的問題。

「專注」是一門很深的智慧，我們自己是不是也都能「專注閱讀」「專注吃飯」「專注工作」以及「專注當下」呢？

專注就是「心流體驗」，意思是指專心到忘了時間的存在，前提是當下正在做的這件事，肯定是自己熱愛的，像是運動員、作家、藝術家等，因為興趣而專注。孩子能從喜歡玩的遊戲中，發展出專注力，進而變成對事的專注，直到養成「專注」的習慣。

會玩，當然就會有自信

記得早期與我的恩師王國和教授學習一對一的互動觀察時，有個小孩來工作室時說：「這裡有好多東西可以玩啊！」教授回：「你想要怎麼玩都可以，只要不傷到自己，不傷到別人都可以。」於是，這孩子把教室裡的大型器具搬來搬去，我們觀察他，見他一邊搬一邊思考物件擺放的位置，一再重來。過了許久後，終於完成了他想要完成的樣貌。

他開心地向我們介紹：「這是一個城堡，進來的人需要先經過一座獨木橋，還要跳過一個大大的水池，而且你看這個城堡還有一個窗戶，可以看到外面的人……」小男孩開心的描述，眼神是閃閃發亮的。

會玩，當然就會有自信，因爲他們具有豐富的想像力，有生命的樂趣。

認知學家皮亞傑說：「人類的智慧來自於活動。」玩本身就是一種活動，而好動是孩子的天性，我們不可能要求幼兒乖乖坐好不要動，因爲這根本違反幼兒動的天性。

回到我們第一部「愛夠」中所講到的，被愛的孩子能夠遵守紀律，而如何讓孩子動出紀律，就是我們要談的教養核心。請參考「愛夠」所提到的說話教育公式。

幼兒生命本能的玩，不能被忽略掉，「玩」是一種原體驗，當幼兒的原體驗愈多，大腦的靈活度反應就會愈快，神經的靈敏度也會發展得更好。如果孩子無法應付內心不安，我大概就可以猜測這個孩子應該是玩不夠的。原體驗太少，自然無法應付，一定會有挫折感，在人際互動上也較容易畏縮。所以我一再強調「玩是生命力」，玩出生命活力，是非常的重要的一件事。

2

玩不是浪費時間，玩不只是玩

玩不只是玩，也非浪費時間，而是從「好玩」的過程中，發展出更多的身心能力。

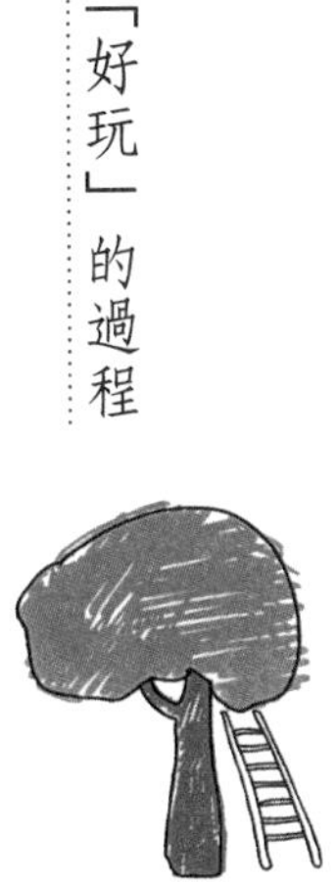

不管是教育學、心理學或是兒童發展學，都非常強調遊戲的重要，各領域的專家都一致的認爲遊戲重要，可見得遊戲對我們現在的孩子來說，是普遍不足的問題，值得父母重視遊戲的重要性。

玩不只是玩，也不是浪費時間，「遊戲」具有很多重要意義。

對於孩子來說，好玩的定義是什麼呢？

好不好玩，不見得是帶孩子到遊樂園，或千里迢迢地帶孩子出國到處玩，或是買高級豪華的玩具給孩子玩……

「好玩」最簡單的定義，就是自然而發的玩，是孩子自己想要玩的，不是父母要求該要怎麼玩的。在玩的過程中，是充滿愉悅歡笑，也沒有任何特定目的活動。

當孩子發出「很好玩！我還想玩！」的歡呼聲，這就是玩夠的眞正意義。

有回，我陪伴父母帶小孩到兒童樂園玩，當正要離場時，我問：「兒童樂園好玩嗎？」這孩子直接回我：「不好玩！」原因是在排隊等待玩設施的時候，這孩子的父母一直要求他「站好！」「不要動來動去」，時不時的喊，即使大家都認爲兒童樂園是孩子的天堂，孩子也玩得不盡興了。

我經常在講座中問父母，怎樣的定義才叫做「玩夠」？

一個顯而易見的情況就是當把孩子抱上車，孩子立刻秒睡的狀態，就是玩夠了。

此時父母會接著問：爲何每天玩，孩子還是玩不夠呢？

如果，你也有這個疑問，我們可以反思，當孩子正在玩的時候，身旁會不會有個聲音一直跟著孩子，要孩子「小心！」「不是這樣玩啦！」「你要玩就趕快玩，等下我們要回家了。」孩子玩夠的感受，往往就被否定句、禁止句或責備句給抹殺掉了。

玩不只是玩，也非浪費時間，而是從「好玩」的過程中，發展出更多的身心能力。

接下來，我們就一起來了解，從好玩的遊戲當中，究竟可以幫助孩子發展出哪些能力以及遊戲中父母應注意的事項。

3

遊戲可以幫助發展幼兒語言

玩遊戲對兒童的內在心理運作有很重要的意義，不能覺得孩子玩只是無意義的浪費時間。

在幼兒語言還沒有發展成熟之前，遊戲可以讓幼兒表達生活經驗還有他們的內在情感。

例如，當玩扮家家酒時，幼兒會模仿大人的動作來進行遊戲，模仿大人洗水果的動作，邊講出「洗！洗！洗！」的聲音加動作；跟孩子玩踩水遊戲時，幼兒也會跟著口語表達「踩！踩！踩！」或「潑潑潑」邊做出潑水的動作；玩泥巴時是「捏一捏」「切一切」「揉」「搓」；玩球時，是「滾滾滾」「踢」「丟」等的語言。

幼兒，就是透過遊戲學會語言來與人互動。「我還想玩」「好玩」「還要」「不是」「換我」等，都是常聽到的話。因此，要培養孩子的語言能力，一定要透過活動，發展出大量的語言表達能力。

有一次，一對父母帶著幼兒來諮詢時，困擾地說：「孩子不願意開口說話。」（言下之意是擔心是否爲自閉兒或發展遲緩）

我拿了一坨揉成圓球的黏土跟孩子說：「我要很大力地丟哦！」然後高高的往地上用力摔，叭的一聲，黏土變扁平的黏在地板上，我接著腳踩在變扁平的黏土上，邊做動作邊喊著「踩～踩～踩～」。

孩子看著我滑稽的動作，立刻笑了。

我問他：「你想要玩嗎？」

小男孩點頭。

我再拿一坨揉成圓球的黏土給他，示意他要用力甩！

兩人一起高舉過頭，用力的將黏土往地上丟！

當孩子聽到黏土「叭」「叭」黏在地板上的聲音時，笑得好開心。

玩過一輪後，孩子突然開口說：「我還要玩！」把一旁的父母嚇得驚呼：「孩子居然開口說話了！」

遊戲，是最快幫助幼兒發展語言的智慧，而非父母一直教孩子說話。

4 遊戲可以發洩過多的體力和精力

當身體大動作的走、跑、跳、攀、爬，能充實身體的各項能力，可以消耗過多的體力，此時自然就能夠好好睡覺，好好吃飯。

諮詢時最常被問到的問題之一就是，我的孩子不愛睡覺、不愛吃飯，父母很是困擾！

要解決這個問題的根源，就在「玩夠」！

生理現象就是這樣，當我們某天體力活做得比較多，一個便當都能吃得下，回到家往往倒頭就睡，這就是體力耗盡了，需要進食跟睡覺休息來補充能量。反觀現在的孩子，幾乎所有活動都是靜態的，能量沒有耗掉，就吃不下也睡不著了。

有個孩子，體力非常的好，每天躺在床上都要翻來翻去直到凌晨，一會兒要求媽媽講故事，一會兒要喝奶、要吃東西，就是捨不得睡覺。孩子的媽媽哄睡陪睡得非常痛苦，後來每天帶出門放電，溜直排輪、跑步、游泳……帶孩子參加所有能消耗體力的活動。終於，孩子可以在十點半睡著，游泳運動後也會要求吃東西。

與其每天生氣孩子不睡覺不吃飯的問題，不如安排戶外活動，滿足孩子身體動作發展。請了解，不是孩子很奇怪不愛睡覺，也並非故意不睡跟父母唱反調，就是動不夠，不累，不想睡不想吃啊！

當身體大動作的走、跑、跳、攀、爬，能充實身體的各項能力，可以消耗過多的體力，此時自然就能夠好好睡覺，好好吃飯。

玩夠的孩子有體力，體力好的孩子耐力好，情緒也會好。

當幼兒喜歡唱兒歌，對音樂、對旋律、對樂器就會有興趣；塗鴉彩繪，就能夠發展出對色彩的敏銳度；玩石頭、玩樹枝、撿落葉、玩泥巴，都可以發展出手部的精細動作，也能夠玩出專注力；從遊戲中培養觀察力，行爲是模仿來的，幼兒會觀察會模仿大人的動作，帶孩子觀察動物，模仿各種動物的動作或叫聲都可以是一種好玩的遊戲。

玩遊戲能夠滿足心理需求，所以玩不只是玩，而且父母要認眞看待「玩」這件事情，要知道玩遊戲對兒童的內在心理運作有很重要的意義，不能覺得孩子玩只是無意義的浪費時間。有些父母看到孩子在玩，就要求他們去練鋼琴或去看書或學寫字，這就是父母不懂得玩遊戲對幼兒來說原來是這麼重要的一件事情。

5 遊戲可以強化神經反應

遊戲對於幼兒來說就是運動，運動能活化神經網絡系統。

有位媽媽心疼地說，她的兒子經常被撞跌倒受傷。原本以爲是同學故意欺負，孩子被霸凌，但其實是這孩子太過斯文，動作反應也比較慢。再進一步了解，原來是從小被保護過度，很少讓孩子在戶外玩。運動神經不靈敏，因此，跟同學玩追逐遊戲時就很容易被撞倒。媽媽這才恍然大悟，原來從小怕孩子跌倒受傷而限制了走、跑、跳、攀、爬等身體活動，影響孩子的靈活反應。

走、跑、跳、攀、爬的遊戲，可以促進身體平衡動作的發展，增加身體反應的敏捷度，幫助身體各器官的生長，而且運動流汗就會多喝水，幫助新陳代謝、血液循環等。

最新研究指出，人的腦血管總長約六百四十公里，要讓血液進入大腦血管，運動是最佳的方法，運動會讓腦部得到更多氧氣及產生其他營養素，大腦的反應能力、處理事件的思路會更清晰，學習能力也會更好，能強化大腦的突觸連結。

這就不難理解，爲何會玩的孩子動作反應都很敏捷，這是因爲大腦神經網絡四通八達，遇到危險的時候，身體就會自動的反應保護自己不受傷的機制，而非慢半拍看到有人朝自己衝過來，大腦來不及反應就被撞倒了。

以我個人的經驗，當寫作時腦袋一片空白當機，我就會關上筆電，出門運動或散步，或在家超慢跑或有氧飛輪，也會安排每隔一些時間就去爬山。戶外的含氧量是室內的一點五倍，大自然的山林溪水則是室內的三點五倍，運動加上大口呼吸，充飽能量再回來工作，肯定靈感大爆發！

每當我提出運動建議時，父母都會有個錯誤的迷思，認爲功課都複習不完了，哪還有時間運動？甚至把戶外的放電行程都取消，讓孩子呆坐書桌準備考試。

長時間關在室內，大腦會缺氧，學習效率反而降低，正所謂事倍功半。不如跟孩子出門打一場籃球，戶外走跑跳讓大腦充氧，再回來複習功課或背書。

眞正能有效率的學習，只要一小時就能專注的學會。

6

遊戲可以培養品格

讓孩子在遊戲中學習自己與人商量溝通，這些能力就是玩出來的。

在與人的遊戲當中，你會對他人好，他人也會對你好，我的玩具借你玩，你的玩具借我玩，大家一起玩，這就是社會品德。遊戲中會發展出跟人家商量的機會，如：你先玩，我等你玩好的時候，再換我玩可以嗎？這就是商量，讓孩子在遊戲中學習自己與人商量與人溝通，這些能力就是玩出來的。

在公園裡我會觀察當遇到有些小孩霸占遊樂設施時，其他的孩子會如何做出反應，有些孩子會說：「請借過。」「可以讓我玩嗎？」或是直接說：「你們不可以擋在這裡哦！」聽到孩子這樣表達，我就覺得這小孩很有自信，敢與人溝通；當然，也會遇見另一種狀況，當孩子遇到挫折時，就會回頭要求父母幫忙，而這時父母就立刻介入要求對方的孩子「請借過」「要輪流」，自己的孩子就退回依存，遇到事情就等著父母來協助，而沒有發展出自己與人溝通協調的能力，這也就是保護過度下的孩子。

也有些媽媽會跟我說她的小孩個性很趨避又害羞，不敢跟別人玩，所以只好帶著他自己玩。個性愈是趨避的孩子，反而愈要多帶出門到公園，看別人玩也行，多看幾次熟悉了，就敢跟別人玩了，這也是幫助孩子的心理適應。孩子都不敢跟別人玩，父母乾脆自己陪玩，以後孩子不就更黏父母而發展不出人際關係了。

也有的媽媽說，「我的孩子個性很衝動，而且會動手推別人，我很怕他又去弄到別人，所以我就不敢帶他出去了。」怕傷到其他小朋友，所以不敢帶孩子出門，在家裡關太久，一旦出門不就更躁動？反而應該訓練有衝動特質的孩子在跟其他小朋友玩遊戲時遵守紀律。在遊戲中學習品德教育，父母要懂得調教而非說教、責備或打罵，讓孩子透過共同的活動、共同的經驗來增進相互關係，遵守紀律，學會禮讓、自我控制的品德。

7 遊戲可以幫助智力的發展

父母總會想帶孩子去參加所謂的潛能開發課程，孩子真正的玩夠，情緒放鬆，玩什麼就會什麼，自然就能發展出智力了。

孩子在遊戲中可以玩出聰明、玩出智慧，玩出認知，還能有想像力、創造力、注意力及推理力等，所以父母要懂得善用玩夠，來幫助孩子發展全方位的智能，奠定智力發展的基礎。

每一位初生嬰兒，都是透過玩而認識世界的，從玩自己的手開始，發展出以手就口的能力，學會自己把食物放進嘴巴，口腔期開始喜歡把任何東西都放進嘴巴咬咬，學習分辨可以吃與不能吃的差別，探索自己的四肢、身體，可以伸展、可以攀爬、可以跳躍，來幫助自己完成更多的活動。

例如玩球可以玩出認識顏色，玩積木能夠認識形狀，任何玩具都可以玩一樣顏色放在一起，或者是一樣形狀的放在一起，如三角形的一堆、正方形的一堆，玩出分類集合的能力，若幼兒能夠將不同形狀但同樣顏色的放一堆，並且能夠表達，這就是創造力。

某些時候也並不一定要嚴格的要求孩子，要玩好一樣收一樣，其實不同的玩具也可以混在一起玩。例如時鐘的玩具上面有數字，另外一個釣魚的玩具上面也有數字，這兩個玩具上面都有一個共同點，就是都有阿拉伯數字和顏色，父母就可以跟小孩玩數字一樣的擺在一起，這樣玩，很快就可以學會數字認知，顏色、形狀也一樣可以這樣玩。

玩黏土、玩泥巴、玩沙、玩落葉、玩樹枝、玩石頭，都可以玩出想像力，玩出創造力，玩出數數的能力，把不同的元素或材料組合在一起玩，這就是創意。父母不要過度干涉，在沒有立即危險下，放手讓孩子玩，可以玩出生命活力。

父母總會想帶孩子去參加所謂的潛能開發課程，只要孩子眞正的玩夠，情緒放鬆，玩什麼就會什麼，自然就能發展出智力了。潛能就是與生俱來的潛在能力，需要靠的是父母願意提供幼兒玩的情境，廚房裡的鍋碗瓢盆，也都可以是智力開發的道具。

8 從遊戲中啓發八大能力

每一個好玩的活動，同時都在啓動孩子們的注意力、記憶力、觀察力、思考力，能夠說出來或做出來。

你知道嗎？透過遊戲，幼兒的大腦中正在悄悄的運作。經由模仿，轉換成各種能力。例如，模仿大人抱寶寶餵奶，假裝拿瓶子餵洋娃娃喝奶，這兩個動作，是經由眼睛觀察然後儲存圖象記憶，接著運思、想像如何做出與大人一樣的動作，包括了觀察、記憶、思考、創造、想像等。

幼童的每一個動作都是大腦發展完美的驚人之舉，怎能不好好的欣賞他們的玩呢？

曾有個約莫 3 歲的小男孩，看家中老人拿拐杖走路，於是拿了個棍子當拐杖，彎腰走路，就被長輩禁止，以爲是嘲笑老人走路的樣子，直指這小男童沒禮貌。其實，對於幼童而言，就是想像力跟創造力，把他們平常觀察到的影像表現出來的動作：拿棍子當拐杖這就是創造力，彎腰就是想像老公公。這是幼童與生俱來的能力，最大的差別是大人會不會禁止他們、否定他們。一旦批評他們不要亂模仿，不能亂玩東西，這些能力就被否定了。

大家都說要培養孩子的記憶力，其實，只要從跟孩子唱兒歌，就可以看到他們的記憶力程度到哪裡：有些小孩一下子可以唱出好多首兒歌，記得旋律、記得歌詞，記得那一首兒歌的動作，還不會唱錯首。

某天我打開門，說了一聲：「下雨了！」一旁不到 2 歲的娃就哼起：「rain. rain.go.away」一邊跑去拿雨傘，這就是記憶力。

平常會陪讀講故事的父母也一定會發現，孩子的記性眞好，只要是講過的繪本，一看封面的圖，就知道書裡面的內容，這都是記憶力。

生活中不恐懼的孩童，記憶力更是驚人。

我常常被很多父母問到如何培養孩子的專注力。

你有沒有發現，當一個小孩面對好玩而有樂趣的東西，就能夠保持長久的注意力。所以，要先判斷孩子是專注力不足容易分散的個性，還是正在進行的事引發不了孩子的興趣呢？每一個好玩的活動，同時都在啓動孩子們的注意力、記憶力、觀察力、思考力能夠說出來或做出來，並被認同的表現，孩子就會有自信力，更喜歡發現觀察把它表達出來，這就是發表能力。

最重要的是父母要能懂得欣賞孩子，給予肯定、讚賞以及鼓勵。

孩子與生俱來的能力，不是父母教出來的，父母只要負責提供情境給他們玩就好，孩子從遊戲中得到成功，就能夠感到內心滿足，進而發展出各項能力，奠定一生能力的基礎。

9 遊戲具有心理治療的功能

孩子的語言程度，不一定能表達出他們的內在情感世界，但藉由遊戲就可以表達。

一位媽媽帶著孩子來諮詢，我跟孩子玩沙盤遊戲。只見孩子一邊玩沙，一邊把玩偶、動物擺進去，他把好多動物擺在外圈，圈裡面是兩隻大恐龍和一隻小恐龍，我問他，「這些恐龍在做什麼呢？」孩子跟我說：「外面的動物在保護這兩隻大恐龍。」我再問：「那兩隻大恐龍正在做什麼呢？」孩子說：「他們在吵架！」

經由這個遊戲，並不難猜出這孩子心裡恐懼害怕的是什麼！原來父母經常在他的面前吵架，小恐龍代表他自己，因爲自己小而無能爲力，於是外圍擺一圈動物，暗示需要被保護的意思。還有另一個小孩，從小目睹父親家暴母親，來遊戲室時，把遊戲室的不倒翁打到爆掉，臉部表情是非常生氣的模樣，拿著玩具剪刀一直戳向不倒翁。

有些孩子玩玩具的時候，會有一些發洩性的語言，如：「咬死你」「撞死你」「我要把你殺掉」等，這都是從遊戲中釋放壓抑在內心無法說出來的焦慮情緒，藉著遊戲來消除心中的緊張與不安。

父母請明白，不能聽到孩子遊戲中講出敵意的口氣，就制止或責備「怎麼可以這麼暴力！」要理解的是語言背後的內心感受，到底是承受多少心理壓力！

心理學家公認，遊戲可以治療情緒障礙的孩童。

專業的遊戲治療，有一項最重要的前提是，只要在沒有立即危險、不影響他人的情況下，給孩子兩個小時自由自在的玩，玩的過程中，觀察者不會有禁止句、否定句、命令句、責備、恐嚇等負面的語言。

父母們雖然不是遊戲治療的專業人士，如果想依樣畫葫蘆，可以怎麼做呢？在家中，兩小時可以是歡樂的玩水、玩枕頭大戰、盡情的追逐、尖叫笑鬧，放鬆情緒，從每天遊戲中來釋放壓力。

如果可以，每天在戶外最少兩個小時最佳，真的沒有辦法的話，假日安排戶外活動也可以。

要記得的是，整個過程中不能一路罵喔，否則出門回家後，情緒一樣不穩定。

10

遊戲中可以發揮的功能及學會的目標

學習尊重自己也尊重他人，學會情感的被接納，學會自我控制，學會面對問題與自己解決問題，以及自己選擇決定與負責……這些能力，都是從「玩」中學會的。

「玩」對於孩子來說，不只是「玩」，更不是浪費時間。在諮詢中有很多的孩子，經常是遇到問題束手無策，只能逃避不想面對問題，或人際關係不好，父母為此感到困惑，不知道怎麼協助孩子。我就會很想跟父母講，其實這些能力都是從「玩」中發展出來的，我也會反問父母，「平常孩子與人一起玩的機會是否太少呢？」從與他人的遊戲中，能學會的能力太多了！

父母是觀察者，當一群孩子正在遊戲時，觀察每一個孩子的不同特質，是很有趣的一件事。孩子們玩追逐跑的時候，難免會跑到跌倒，如果其中一位小朋友看見同伴受傷會主動停下來表示關心，那麼，這就是對人的尊重，也就是人際關係。有時候，也會觀察到有些小孩並不會主動關懷他人，當然，這也可能是從小時候被對待的方式中學習模仿來的，可能當他正在玩追逐跑而受傷時，被父母要求不准哭，或責備他「誰叫你要跑那麼快」。經常被這樣對待的小孩，可能也就不懂得關懷他人，自然也就無法發展出對人的尊重。

遊戲會有所謂的規則，若能遵守遊戲規則，就是懂得尊重自己也尊重他人。當孩子在遊戲進行中會跟對方說：「輪到你玩囉！」也願意排隊等待，能遵守遊戲規則，這就是發展出良好的社會化行爲。曾經有一次，我陪伴一個不到 3 歲的小男孩在運動場玩追逐遊戲，就在滿頭大汗與口渴之際，小男孩表示想喝水，於是蹲下來在外出背包裡找水壺，沒想到他居然先拿了我的遞給我後，再拿他自己的，我們一起喝了起來。從這個小地方，就可以觀察到這個小男孩懂得尊重他人，因爲我們一起追逐玩，都會流汗都會口渴。

11

遊樂中學會感情是可以被接受的

學齡前幼兒遊戲的重點，在於參與遊戲好玩的過程，而非強調結果的輸與贏。

遊戲中的輸贏情緒，是可以被接納的，也能夠被同理心對待。有些孩子玩輸了會哭，等待他哭完就好，父母不用過度說教，否定他們：「這有什麼好哭的？你玩輸就哭，以後誰還要跟你玩啊！」這樣說，就不是接受的語言。

經常遇到的諮詢問題是，「我的孩子輸不起，每次玩下象棋的遊戲，輸給爸爸就會哭，輸了就哭，以後還有誰想跟他玩呢？總不能要爸爸每次都讓他啊！」

當遇到孩子這般的行爲反應時，父母總會沒好氣的說：「這有什麼好哭的？」「你輸了就哭！那誰想要和你玩呢？」會有比賽、有輸有贏的遊戲，最好是等孩子上了小學的年紀後開始，這時，他們的心智也比較成熟了，比較能接受輸贏的遊戲。至於學齡前幼兒遊戲的重點，則在於參與遊戲好玩的過程，而非強調結果的輸與贏。

有些父母會因爲想鼓勵幼兒，因此經常故意讓自己輸，來使幼兒開心得到贏的感覺，但也因爲這樣，反而讓孩子更不喜歡「輸」的感覺。輸了難過傷心懊惱，贏了有開心的成就感，這本來就是孩子最自然的情感表達，只要父母不刻意營造輸贏的局面就好，不刻意製造比賽，看誰飯吃得比較快、衣服誰換得最快等，如果是有目的強調輸贏，這就不好。

當孩子輸了而難過或生氣的哭時，父母說：「這有什麼好哭的？」這就是不接納的感情；當父母說：「哇！這局輸了啊，我們再來玩吧！」「爸爸陪你再練習，要嗎？」「我們一起玩！」「我陪你再來玩喔～」這都是能讓孩子感受到被接納的情感語言。

若孩子還是因爲輸而生氣難過哭不停時，父母說：「那我們先休息一下，等你想玩的時候我們再繼續，好嗎？」情緒感受就能被接納，也是讓孩子學習自己調適心情的機會，父母不需要過度安慰或全盤否定孩子面對輸贏的情緒反應。

12

遊戲中學會自我控制及自我指導

被愛夠的孩子，自然會遵守紀律，能自我控制。所以，當孩子與其他小朋友玩在一起，而且又不受控的時候，可以回想一下父母平時的教養態度。

當家中只有一個孩子時，給孩子有「輪流玩」的機會，孩子自然從中學會自我控制與等待。

其中，引導孩子跟自己對話，也是一個極佳的方式。

例如，孩子到了公園，想玩盪鞦韆，但所有鞦韆上都有人正在玩，而且旁邊還有其他小朋友在排隊，這時候，不妨引導孩子自我對話：「要等前一個排隊的人玩好，就可以輪到我玩了。」

父母不需要在遊戲的過程中一直出聲要求，或提醒「你要排隊哦！」「沒有排隊就不能玩哦！」不需要一直提醒，尤其是一直講又一再地重複講，這就是嘮叨了。被愛夠的孩子，自然會遵守紀律，能自我控制。所以，當孩子與其他小朋友玩在一起，而且又不受控的時候，可以回想一下父母平時的教養態度。

在幼童尚未發展出團體遊戲該具備的自我控制或輪流等待而哭鬧時，父母可以先直接抱走，用其他好玩的玩具來轉移幼童的注意力，調教的語言可以是：「我們要排隊哦！」父母在言語中先教，但不要求孩子立刻做到，畢竟年齡也是非常重要的成熟準則。

當孩子能自我控制與自我指導時，給予他們正增強，讚賞孩子能等待，能排隊輪流玩遊戲的行爲，增強他們的良好行爲表現，而持續學會自我控制及自我指導，進而成爲成熟穩定的幼兒。

13

從遊戲發展智慧與自信

不要小看遊戲，遊戲中有很多需要解決的問題，例如：要與他人溝通玩法、思考不同的玩法或可以找誰一起玩更有趣等。

很多時候幼兒的大部分能力是無法用教的，只能放手讓孩子去玩，就讓孩子多去跟其他小朋友互動，從玩中發展出解決事情的能力。

不要小看遊戲，遊戲中有很多需要解決的問題，例如：要與他人溝通玩法、思考不同的玩法或可以找誰一起玩更有趣等。當小孩沒有發展出這些能力，就會發現他們玩得很畏縮，一下子就會感覺無聊不好玩，甚至在遊戲中遇到衝突或挫折，面對問題束手無策時，就是哭！

一個會玩的孩子，給他同一個玩具，他就會思考同樣的玩具還可以有什麼不同的玩法，自己一個人要怎麼玩？又兩人可以如何玩？如果有更多人玩的時候，又該如何玩呢？這個思考的過程，就是激發創造力。平常我會先觀察孩子拿到玩具時自己會先怎麼玩，而不是先教他們玩法，或習慣看說明書的玩法，這就容易限制創造性的玩法了。

曾經有父母在社團中問，他的孩子只想要支配其他小朋友，如果別人不聽從他的就會生氣，這該怎麼教育小孩呢？

父母可以引導自己的孩子：如果你想指揮他人配合你的玩法，那麼話應該要怎麼說？

幫助孩子思考，可以怎麼表達自己想到的新玩法，說出可以引起他人興趣而願意配合一起玩……這都是解決事情的能力，比被他人教的更實際些啊！

當孩子在遊戲過程中自己領悟出來，這才是真智慧真本事。

14

在遊戲中學會自己選擇，自己決定，自己負責

讓孩子從還想玩或因自己的行為而被他人拒絕的感受當中，來學習自我控制。

在一次諮詢中，有位爸爸提到他小學四年級孩子的脾氣問題，他說：「每當跟孩子玩球，只要孩子接不到球，就會對爸爸生氣，責怪都是爸爸亂丟球，而如果是自己球丟不好時，就怪罪是爸爸不會接。」總之，就是只怪他人，讓陪他玩的爸爸很是生氣與煩惱。

爸爸當然也可以跟孩子表達自己不舒服的感受，也要讓孩子知道，遊戲中老責怪他人是不可取的行爲！爸爸當然也可以拒絕跟愛責怪他人的小孩一起玩，這目的，就是要讓孩子懂得對自己的態度負責，小孩可以選擇接不到球而責怪爸爸，爸

爸也可以選擇被責怪時停止遊戲，而非順從孩子的責怪，還賠不是的繼續玩，這容易讓孩子變成以自我爲中心。

讓孩子從還想玩或因自己的行爲而被他人拒絕的感受當中，來學習自我控制，也讓孩子明白，如果我想要有人陪我玩球，當對方球沒有接好時，不能總是用責怪他人的口氣，否則就不會有人願意跟我玩球的行爲後果。

在沒有立即危險或影響他人下，孩子可以自由選擇玩具要如何玩，要不要跟他人一起玩，或者是只想要自己玩都可以。讓孩子自己思考一下，父母學會等待，不要急著幫忙想答案，或急著提醒或主導孩子：「你要不要跟他玩啊？」「你們可以這樣玩啊！」「你們趕快去玩哦！」

請讓孩子自己想，大人避免過度干涉。

當孩子懂得學習自我思考、自己選擇、自己決定與自己負責，進而也會學習到獨立與自信，以及與他人互動的正確行爲。

15 遊戲給予安全感和無恐懼的情境

幼兒遊戲的目的，就是要釋放過多的體力，要來玩出自主性、自發性的多元智能以及開發幼兒的各項身體能力與潛能。

父母的角色是情境的布置者，布置一個安全無恐懼的空間，來讓孩子發洩過多的體力與精力，尤其是遇到先天氣質活動量偏高的孩子，更應該提供適當的場所供其活動而非責備，父母要避免擔心孩子萬一危險而過度嘮叨，不可以在遊戲中給予威脅、恐嚇或太過權威的對待。

有些父母會在孩子因遊戲產生爭吵或因搶玩具而衝突的時候，不自覺就冒出恐嚇、威脅的語言。怎樣是恐嚇威脅句呢？

例如「如果你怎樣我就怎樣」這種句型就是恐嚇句。

像是「你們這樣吵架、搶玩具，我們就回家」這就是威脅句。

當威脅跟恐嚇過度，就成爲專制權威的教養類型。

在遊戲中發生衝突，當父母在管教手足吵架時，不能只是著重在誰對誰錯，誰要跟誰道歉，誰又應該要跟誰說對不起。愈執著在對錯，就更容易對彼此產生敵意。請切記，遊戲中的衝突先不急著判誰對誰錯。當衝突發生時，先跑來告狀的那個人，基本上可能是身體體力上的弱者，也可能是心理上的弱者，自己不會處理衝突，所以跑來告狀。

孩子在遊戲中發生衝突時，有兩句話不要問。

第一句：「誰先動手打人的？」

不用想也知道，衝突中的兩個小孩的回答一定是：「他！」

第二句是：「玩具是誰先拿到的？」你覺得孩子會如何說呢？答案一定是「我先拿的！」所以問了也是白問。

因此，當孩子在遊戲中發生衝突時，父母先表示關心即可，再詢問兩人還想一起玩嗎？還是你們要先分開自己玩呢？

切記，不要恐嚇孩子，讓孩子有「你們再吵架，就統統不要玩」的感覺。

16 遊戲中了解眞實世界與遊戲世界的不同

真實世界可以引導，可以讚賞；遊戲的世界，不可以教，不可以讚美或評斷。

在眞實世界裡，孩子會幫忙做家事，父母可以給予鼓勵跟讚賞；而在遊戲世界，就是自由的玩，不用指導，不用評斷，否則就失去遊戲的功能了。

孩子正在玩的時候，父母一讚賞，他們就會停留在原來的玩法，而失去了創造性的玩法。例如，孩子正在玩疊積木，疊到第五層時父母說：「好棒！」孩子之後就可能只疊到第五層，因爲好棒而不願再挑戰更高的疊法了。這就是遊戲中的世界不需要讚賞或評斷的意思。

遊戲的重要目的，是要能夠讓孩子自由自在的玩，如果大人在旁邊不停地評斷，或指導孩子應該怎樣玩或不要這樣玩，那就失去自由自在玩的意義了。有些父母或長輩喜歡在孩子玩遊戲時下指導棋，孩子不願按照大人的建議玩法，可能還會被大人嘲笑，孩子也就玩得不盡興了。

父母要養成一個習慣，學會觀察孩子們會怎樣玩遊戲，從他們的玩法來觀察孩子的能力。記得，父母是觀察者、是情境的布置者、是信心的鼓勵者，在孩子玩的時候不能一直指導，否則就不好玩了。

當孩子專注在玩時，對孩子而言是非常投入的一種經驗，就會有「玩夠」的滿足感，父母反而不要去打擾他們。以前一對一互動觀察時，當孩子有好玩的情境不無聊，就不會老黏著父母陪他玩。當時父母還納悶：「這孩子在家裡都一直要找人陪他玩，怎麼在這裡玩，都不找我們了?!」當孩子不玩了，來找你了，才是需要你給回應的時候。

17 遊戲中父母不是指導者，是親密的夥伴

當感覺到孩子玩到過火的時候，可以休息一下，轉換孩子過度「嗨」的情緒，不能突然恢復大人的角色來責備孩子。

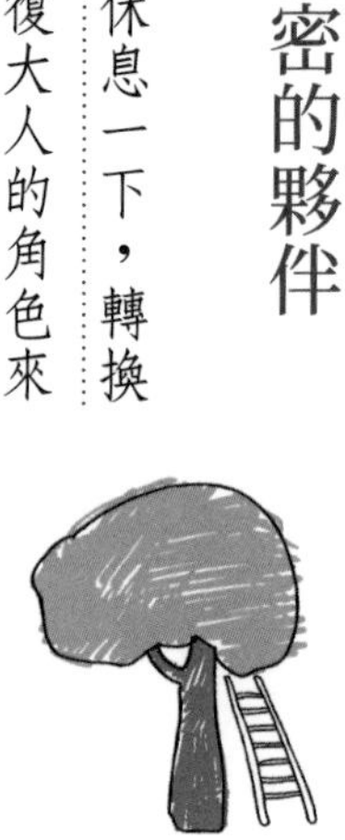

一位媽媽煩惱地說，想增進先生與孩子的感情，因此會請先生跟孩子一起玩，沒想到，玩到最後，兩人都生氣了。

媽媽納悶地問：「我好像是這對父子的媽媽，經常要處理他們兩人玩到變臉的僵局！」

當父母陪孩子玩時，這時候父母的角色是一起玩的夥伴關係，而非指導者或上位者的關係喔！

遊戲中的親子關係是夥伴的關係，但玩到最後爸爸會說，「我是爸爸耶！」「你

怎麼可以拿玩具打我的頭！」父子倆就生氣了，不玩了，本來一開始是快樂的玩，後來就吵架了，這就是從遊戲中的夥伴關係又變成上位者的關係了。

這問題應該是很多家庭都會發生的，通常父子一開始玩的時候就像兩個小孩，玩得不亦樂乎，父子像朋友般地愈玩愈激烈，當爸爸使勁用力玩之後變得無法控制力道，孩子就會更用力的反擊，這時，爸爸開始也感覺到孩子無法控制，就會指責孩子沒大沒小，最後父子倆就生氣了。

當爸爸感覺到孩子玩到過火的時候，可以說「我們先休息一下哦！」或說「遊戲暫停」。休息一下，轉換孩子過度「嗨」的情緒，先暫緩一下，喝口水或上個廁所，也是轉換情境調節情緒的方法，不能突然恢復大人的角色來責備孩子。才能避免爸爸又是玩伴又是裁判的雙重角色，孩子也一時切換不過來，納悶不是玩得正開心嗎？爸爸怎麼突然生氣呢？

18

遊戲中注意當下的體驗，拋下過去種種問題

孩子在每一次遊戲時，就是當下的感覺體驗，如果牽扯到之前的經驗，就變得很掃興，非但不能教會孩子「勝不驕，敗不餒」的看待輸贏問題，反而容易有被損尊嚴而反應過度的情緒。

孩子很純眞，情緒常常直接顯露。

當孩子玩桌遊或圍棋之類的益智遊戲贏了時，某些孩子會開心地說：「我贏了！耶耶耶！我贏了！」那得意的表情，超級有成就感的！

這時一旁的大人，有時就會調侃或嘲笑小孩：「這次贏了就那麼高興！」「上次玩輸了，哭到像什麼一樣啊！好丟臉喔！」

或許，大人是怕孩子太驕傲而這樣說，但拿過去的記憶來破壞這次遊戲的氣

氛，真的好嗎？

其實，孩子在每一次遊戲時，就是當下的感覺體驗，如果牽扯到之前的經驗，就變得很掃興，非但不能教會孩子「勝不驕，敗不餒」的看待輸贏問題，反而容易有被損尊嚴而反應過度的情緒！贏了很開心，輸了會難過，這也是人之常情。前面我們有提到「接納」孩子的感受，被接納的孩子會漸漸成熟，學習自己面對輸贏的態度！

父母行不言之教的潛移默化方式，不宜過度提醒孩子不當的情緒表達，而要改以引導正確的情緒表達，如父母玩遊戲時自己的語言可以是，「我這次贏了，感覺好開心」「我輸了！唉～好難過啊！」「哇！有輸有贏的遊戲，才好玩啊！」孩子在父母的言語薰陶下，也能學習正確的表達。

鼓勵孩子用語言表達出內心喜怒哀樂的感受情緒，而非以嘲諷的語言要孩子改變。

19

遊戲中重視情感交流，而非想法和作法

好玩的遊戲，最能傳達親子間的情感，情感的交流並非一定在想法或特定的作法上，能從遊戲中玩出「好玩」，就是孩子與父母之間最好的情感交流。

父母一定都會有這樣的經驗，跟孩子一起玩積木的樂趣，不一定是要疊高高而不倒，而是疊到一半，小孩把積木推倒的那種感覺。推倒積木對幼兒來說反而是更好玩的遊戲，每重新堆疊一次，他們就會準備推倒，期待那積木倒地「嘩！」的一聲，如果父母也能一起享受推倒積木的歡樂氛圍，這就是情感交流。

如果父母太認眞重視積木的玩法，規定一定要怎樣疊好的想法和作法，就一定會說出否定句或批評句了；玩拼圖也一樣，親子一起拼圖是情感交流的活動，孩子想要從邊框開始拼，還是要從中間局部拼都好，父母不應著重在要求孩子一定要依循自已經驗中的想法和作法。

要能與孩子從遊戲中達到良好的情感交流，有時候一張報紙或一張廣告紙就能很好的玩出親子間的情感了，那就是簡單的撕紙遊戲。刷！刷！刷的撕紙聲，把紙用力的撕開，再撕成一條一條的，過程中光是與孩子玩著「刷！刷！刷」，他們就能不停的呵呵大笑！肯定會覺得你就是最愛他的人。

重視情感交流，白話來說就是與孩子玩得開心，玩得開心就是很棒的心流體驗，就是玩到渾然忘我的狀態，其實就是玩夠了，愛也滿足了，此時要調教孩子，也容易許多，要求孩子做事的配合度也會升高。

20 遊戲中敏感的了解，而非解釋回答問題

當孩子說：「媽媽我不想玩了！」時，你會怎麼做呢？
此時，請先敏感地理解孩子的內心感受。

一群孩子在踢球，一個孩子突然說：「我不玩了！」這可能的原因是什麼呢？也許是孩子覺得自己總是踢不到球，所以覺得不好玩，如果大人沒有敏感的了解，可能就會催促孩子「你趕快去玩啊！」「不然等下大家都玩完了，你就不能再玩了哦！」

先關注孩子不想玩的原因，可能是「我不會，我需要有人協助」，或許是「遊戲太無聊了」，可以引導孩子玩不一樣的玩法，或者是「想引起父母老師關注」。

所以，遊戲中回應兒童的問題原則，就是要敏銳了解兒童語言眞正意義，父母先聽懂孩子說話背後的可能原因，探討背後需求的問題，到底是不會做、不想做，

還是想引起注意？了解兒童語言的眞正意義，父母才好接招。

請採取接納而非否定的問句如：「不想玩了嗎？」「需要先休息一下嗎？」而非「爲何不玩？」「不玩那就回家！」也不宜直接回答孩子的問題，例如孩子說：「他們都不把球傳給我！」父母不宜直接回：「他們怎麼都不傳球給你呢？」可以反問：「你也很想踢球對嗎？」孩子點頭回：「嗯。」這時才能理解孩子「我不想玩了」的眞正問題原因。

反問孩子的用意，是讓他們學習思考自己眞正的想法，再用引導的語言，「你會想跟其他小朋友說，我們輪流踢球好嗎？」「那你想去說說看嗎？」這就是引導作用的語言。之後再把決定權交回給孩子，「你還想跟小朋友一起玩踢球嗎？」

用正確的語言、溫和的態度，自然地引導再把決定權交回給孩童，而非否定或解釋。

第三部

情境夠

從嬰兒出生的第一刻開始，就具備了學習與記憶的能力。
即使孩子還小，還未開口說話，都能透過五種感官功能，認識生活周圍的一切環境。
人是情境之子，所有的行爲都是模仿來的。我們給孩子什麼樣的情境，孩子就成爲什麼樣的人。

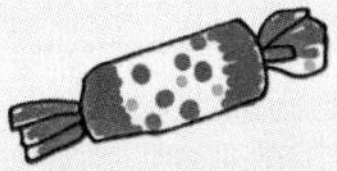

1 生態環境與家庭情境

情境好，有錢沒錢都可以培養出優秀的孩子。環境不好，都可以用情境來補；但如果情境不好，環境再好也沒有用。

我們都知道，在不同的海拔高度會有不同的植物生長，如：低海拔常見的咸豐草、野薑花等；中海拔的姑婆芋、青剛櫟等；高海拔則是玉山薊、冷衫等。不同的海拔高度，發展出不同類型的植物。而動物也一樣，我們都會帶小朋友去參觀動物園，也都知道非洲動物區裡會有河馬、白犀牛；澳洲動物區有袋鼠；沙漠動物區一定有駱駝；熱帶雨林區則有亞洲象、孟加拉虎、花豹等，不同的地理位置孕育不同的動物生態，這就是生態環境。

那麼，怎樣的家庭情境產生怎樣的孩子呢？

每當新聞報導社會案件，尤其是青少年犯案，如捷運殺人、國中生持械傷人，引發社會一片譁然，這時總有人會冒出問號「現在的孩子怎麼了？」「現代的家庭、社會出了什麼問題？」而我們也不禁納悶，到底是怎樣的家庭情境產生了這樣的孩子呢？

根據青少年犯案的研究顯示，行爲偏差的孩子大多來自失能的危機家庭，但並不代表所有具家庭危機的孩子，都會行爲偏差，這中間的差異就在於「情境」的不同。那麼，什麼是情境呢？環境＋有機體的愛，即是情境。

情境好，有錢沒錢都可以培養出優秀的孩子。環境不好，都可以用情境來補；但如果情境不好，環境再好也沒有用，例如家庭經濟好，每個人一個房間，房間裡有電視，但家人各忙各的，見了面也很少聊天，這就是環境好，情境不好。

溫馨和諧的家庭，就是好情境

曾經有個媽媽帶著小六的女孩來諮詢，父母只生一個獨生女，當然可以給這孩子好的環境，但這小女生卻總是提不起勁，生活非常沒有活力，漸漸的沒有笑容，話也說得少。

媽媽感到非常緊張，於是找來諮詢。這女孩很安靜也不太說話，我請她畫心理畫，她畫了一個大大的客廳，但客廳裡沒有人，再畫房間，裡面一樣沒有人，只有一隻小熊躺在床上。媽媽說她跟爸爸因爲工作忙經常要加班，回到家也累了，很少跟孩子聊天。

父母努力工作，給孩子一個好的居住環境，但少了與孩子聊天互動的情境，難怪這小女生內心孤獨，雖然物質生活要什麼有什麼，精神心靈部分卻是匱乏的。

相反的，如果環境不好，但情境好，那感受就大不同了。曾經有一個故事，富翁家隔壁住著一對窮夫妻，每天都可以聽到他們唱歌聊天的聲音，感覺他們好快樂，富翁納悶：「他們不是很窮嗎？房子沒有我的豪宅大，爲什麼夫妻倆卻比我快樂呢？」這就是環境不好但情境好的最佳寫照了。

父母能夠跟孩子聊天，家庭有溫馨和諧的氣氛，就是好的情境，自然就能培育出優秀的孩子。

2

打造一個有機體的家庭情境

有機體的父母，當遇到親子衝突時會停下來想一想：
究竟我是重視親子關係，還是在破壞親子關係？

家是談愛的地方，是給人放鬆且家庭成員都能感受到溫暖的地方。我們的家是「家」還是枷鎖的「枷」？情境就大不同了！

我們是否在不知不覺中讓家的愛消失？父母對於孩子，是重視「關係」還是「事件」？如果父母看重親子關係，就不會只是用打罵的方式來處理事件，如果父母看重親子關係，就會思考該如何處理事件才是對孩子好。

父母心裡期待的是孩子符合自己的期待，還是協助孩子成就他們本來的樣貌？親子關係的好壞，完全建構在父母的期待，也就是說孩子並非不好，只是沒有符合父母想要的標準而已！

有機體的父母，當遇到親子衝突時會停下來想一想：究竟我是重視親子關係還是在破壞親子關係？

以下提供一個情境，我們來思考，你重視的是關係還是事件？

孩子不寫作業，父母用生氣的口氣責備孩子拖拖拉拉，嘮叨孩子寫功課態度懶散，這是重視事件；孩子不寫作業，父母關懷孩子是否遇到困難，是否課業太多寫不完呢？還是不會寫需要陪伴與協助呢？這就是重視關係。

當父母慣用溫和的口氣與孩子對話，重視與孩子的關係，就是「有機體」的父母，家庭氣氛溫馨和諧，就是有機體的家。

三級預防的家庭概念

家庭難免會有親子教養上的危機，成爲健康學習型的家庭需具備三級預防的家庭概念：初級預防、次級預防以及三級預防。

初級預防是指目前家庭親子關係互動良好，並沒有衝突事件的情況下來學習教養，就是初級預防的概念；次級預防則是親子關係上有些難管教了，或父母找不到教養孩子的方式，想要開始學習的時候；而三級預防就是孩子出現說謊、翹課逃家，與父母嚴重爭執時，就要學習補救措施。

健康學習型的家庭，並非都不會遇到親子衝突，而是在與親子衝突當中，願意學習或修正原來的教養方式，用對正確的觀念和方法，就不致於讓家庭情境失去功能，家是談愛的地方，心中有愛就能夠化解危機，父母願意爲家庭爲親子關係而學習。

如何打造一個有機體的家？你會感恩自己的孩子嗎？感恩孩子的到來，讓安靜的家充滿孩子歡笑的聲音，營造一個能夠與孩子聊天的時刻，吃飯時、睡覺前，講講故事聊聊天，就有幸福感；而非每天都是責備、嘮叨、催促孩子的聲音，這就是無機體了。

父母學習以正向的態度來處理危機的能力，所有親子教養的危機，都可以用積極正向的態度面對。親子衝突不會是永久性的、更不是無法改變的，要相信危機就是轉機！打造有機體、有愛的家庭情境，是良好親子關係最爲重要的關鍵。

3

你想要教養出開朗、活潑、有自信，友善待人的小孩嗎？

想教育出什麼樣的孩子，就請布置什麼樣的情境。

當嬰兒一出生，父母抱著他時，都對他微笑、溫和的說話，兩個月後，他就會對你笑，父母皺眉頭，嬰孩亦然，所以嬰兒的表情都取決於家庭情境。

父母的所有言行舉止，都是孩子模仿的來源。有些人說，某個孩子的動作和其父母很像，相處愈久，連說話語調、口氣、臉部表情，動作都很像，不需要刻意學，情境就在那。住在什麼樣的語言環境裡，自然就有什麼樣的語言，美國人美國腔、山東人山東腔、台灣有北部人、台中人、高雄人、金門人、原住民……不同地方，不同腔調，住久了，都像了，這就是情境。

有次在朋友家，她那 2 歲的兒子一直喊我：「姨～來洗牌、來洗牌（麻將

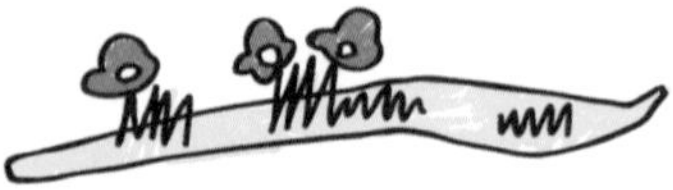

牌）！」因爲這位媽媽從懷孕中就很愛打牌，家裡就有這樣的情境，孩子當然也不陌生，也不用刻意學，不是這孩子特別厲害，而是看久了，想不會也很難。

講座中，一位年長的阿嬤對我說，她家工廠的工人常開口、閉口三字經，孫子一歲多，學會講的話竟然也是！眞令人傷腦筋。

大人不得不警惕。在親子互動遊戲中，最容易觀察孩子的言行舉止，因爲孩子會自然的表現出平時是如何被對待的情境。有一回活動中，一個小孩哭了，兩個孩子走了過來，一個輕拍哭泣孩子的肩膀，「溫和的說，別哭了哦！」另一個則是對著他連比帶動作的說：「羞羞臉，還哭、還哭……」

不用說，誰都能猜到這兩個孩子雖是面對同一情境，卻有截然不同的表現方式，當然這是來自不同家庭情境所模仿來的。父母對待家中老大孩子的方式，決定老大對待弟妹的方式，父母經常罵大孩子不聽話、不乖的話語，以後生老二時，你就能從他罵老二的對話，知道自己平時的口氣、內容、臉部表情，一點也假不了。

如果你只有一個小孩，可以觀察當他約2～3歲時，他也會幫玩偶娃娃輕輕拍背、餵奶、蓋被子、輕聲細語的與玩偶對話，那就是模仿父母對待他的動作，在他腦海中留下的印象。孩子從學校回來，老愛拿一個棍子，對著牆壁指著：怎麼唸、這樣是多少個、還不會嗎、你上課都不專心、站好、快點坐好……你大概就能知道學校裡老師的教學情境是什麼。
所以，你想教育出什麼樣的孩子，就請布置什麼樣的情境。

4 溫馨和諧的家庭氣氛，是塑造優秀子女的祕訣

在和諧的家庭氣氛中，每個孩子均可專注於學習，甚至過目不忘。

建立一個無恐懼的家庭是首要之務，父母需要學習正面的語言、溫和的語調，絕不用打罵、恐嚇的語言。在這樣和諧的家庭氣氛中，每個孩子均可專注於學習，甚至過目不忘。

「四不」溫馨和諧家庭氣氛的情境：「不打罵」「不恐嚇」「不威脅」「不利誘」。

「孩子不應該打嗎？打罵教育眞的不好嗎？」這是親子講座中，最常被問到的問題。打罵本身沒對錯，只是父母的內心動機爲何？才是重點。

在一場親子講座中，家長向王教授提問：可以打孩子嗎？王教授答：「可以！」但教授馬上接著說，「打小孩是你過去記憶的投射（原生家庭），你的思想決定你的情緒，然後造成你的行爲。」「打孩子時，你正在抛自己的負能量，對你自己好，當然可以！但，對孩子就不好了！」語畢，全場譁然，大家心有戚戚焉。這讓我想起了，有回我在某證券公司的親子座談，一位爸爸若有所悟的說：「好像股市行情好，我的心情好，對孩子的行爲就比較有耐心！」所以，打孩子的標準往往取決於父母的情緒態度。

有一回，我聽到一位阿嬤說：「現代的孩子很難教，不打不行。」這位阿嬤打完孫子後，剛好媽媽下班回家，聽到阿嬤非常生氣的表示孫子不受教，於是，媽媽接著又把孩子抓到房間裡再打。

聽完這描述，我的心裡有點難過，覺得這小孩好可憐！父母及照顧者總會有這樣的想法，不聽話，我就打到你怕，打到孩子不敢不聽話爲止。但問題是，似乎打完的當下，孩子會乖個兩天，聽話個兩天，兩天後行爲又回到跟從前一樣了。如果打罵有用，能有效的解決孩子的行爲，那親子教育理論也就無用了，用打的孩子就能聽話。但事實眞的是這樣嗎？我想父母心裡都明白！

5

過去的打罵和現在的打罵有何不同？

現代父母都受過高等教育，學習沒問題，應該好好的思考以及學習如何教育孩子的問題，而不是只沿用過去的打罵方式。

夫妻常會在教養理念上針對打不打孩子有不同的看法，媽媽說：「孩子打了還是沒有變好，決定換個方法不打了。」爸爸說：「不打怎麼行！我們還不是被打大的，現在也沒有比較不好。」夫妻教育理念不一致，常會導致內心衝突與矛盾。

我常常在想，過去的父母打小孩和現在的父母打小孩，究竟哪裡不一樣？

以前的父母知識教條沒那麼多，打罵小孩只是針對某件事沒做好，狠狠打過，孩子認錯就好了，沒有太多辱罵的語言，只是一邊打一邊重複問下次還敢不敢。

反觀現在的父母，因爲知識水準高，能言善道，罵起人來滔滔不絕，除了一邊打，還一邊加上很多指責與辱罵的內容，傷人自尊。

以前被父母打一打，等下左鄰右舍的孩子一吆喝，便溜出去玩了（轉換情境），一玩負能量也就跟著消失殆盡。現在，被打過後還是待在家裡，家裡就這麼點大，走來走去，都是那個剛剛被打罵的情境，這情緒就一直累積無從發洩。

以前的父母，忙於工作、家務，生得多，沒太多時間干涉孩子的問題，相對打罵的次數也不多（窮人教育法）；而現在的父母生得少，兩個大人四隻眼睛隨時盯著，孩子動輒得咎，從早到晚不知要被干涉幾回（富人教育法）。以前的孩子沒學那麼多，頂多學校功課念不好，被打罵而已；現在的孩子除了學校功課要讀要寫，安親班的考卷要寫，媽媽自己買的評量也要寫，有一個地方做不好，就要被打罵一次，外加上其他沒練好的才藝！

以前的父母教育程度不高，不懂教育理念，所以直接用打罵教養孩子，情有可原；而現代父母都受過高等教育，學習沒問題，應該好好地思考以及學習如何教育孩子的問題，而不是沿用過去的打罵方式。以前和現在到底是不一樣，動機不同、時空不同、背景不同、質量不同，承受的壓力和累積的負能量當然也不同。

父母打小孩總會給自己一個合理的理由，就是：「因爲你不乖，所以我打你。」諮詢時，遇過一個個案是這樣的，媽媽說，有一回4歲的兒子在和爸爸生氣，就跑過去打爸爸；爸爸問兒子：「你怎麼可以打我呢？」兒子說：「因爲爸爸不乖！」

孩子的理由，父母能接受嗎？

6 打罵教育的缺點是什麼？

幼兒每次犯錯，就是父母給愛的時候，給予調教的時機。

孩子得不到愛，造成恐懼，腦中不能建立一種紀律，無法判斷對或錯，常做不好的行爲，目的只爲引起父母注意（討愛）。孩子得不到安全感、歸屬感，將來與父母的親密度、依戀關係薄弱，親子很難聊天，很難過著溫馨和諧的家庭生活，親子之間演變成沒話說。

容易傷孩子的自尊心，最重要的是自信，不是學問，有自信的孩子充滿快樂，做什麼事都積極主動；相反則是懦弱、逃避、消極，常被打罵的孩子，沒有自尊心，沒有自尊心的孩子，就沒有羞恥感、罪惡感，長大後也無法形成道德觀。

常被打罵的孩子，做什麼都不被接納，不敢嘗試錯誤，因此，漸漸失去對事物的好奇心，沒有好奇心就不會有探究心，也就不會有成就感，長大之後反而胡作非為，來滿足小時候缺乏的好奇心和成就感。

不用打罵的正確教育方法

正確的觀念是，錯誤是成長的必經過程，幼兒每次犯錯，就是父母給愛的時候，給予調教的時機。調教與管教並不同，管教是權威的教育，調教是心的教育，告訴孩子正確的行為及不正確行為的後果。大部分的父母都忽略了自己的責任，覺得太麻煩，要花時間，乾脆用打罵、禁止、恐嚇這類最簡單、最原始，也是最立即有效的方法，而不管後遺症。

請問，你會喜歡別人用打罵的方式來對待你？還是喜歡被人用肯定、讚賞的方式對待你？我想我們都喜歡後者。那麼，父母為何老是要用第一種方式對待小孩呢？我曾經和女兒討論，「你贊成打小孩嗎？」女兒只回我一句話，「你喜歡被打嗎？」我想，這個回答已經說明一切了。

如果你覺得有需要用打罵的方式去教育孩子，還請先思考動機是什麼？打罵教育有一半的機率，百分之五十變得很好、百分之五十變得更差，也許父母可以賭一把！然而用「愛」的教育法，總不至於傷人的心，毀人自尊、自信！當想要打罵小孩時，請先想一想到底是有何不同！再想想，是針對不當行爲在調教孩子呢？還是在發洩自己的脾氣呢？

「你不乖，就叫醫生給你打針。」下回眞的生病了，醫生叔叔、護士阿姨都變成壞人，專門對付不聽話的孩子。「你不乖，警察會把你抓去關。」曾經有個大人爲了要孩子乖乖的坐在安全椅上就恐嚇小孩，結果，剛好碰上警察臨檢，車裡的孩子哭得很慘！以上都是最典型的白衣症候群。

打罵教育所帶來的後遺症，值得父母好好思考！

7

經常被恐嚇的孩子，容易導致個性畏縮

有些孩子的先天氣質較為趨避性，容易害怕陌生環境或不熟悉的人，這更不能恐嚇，父母應接納孩子的先天氣質而非強迫面對。

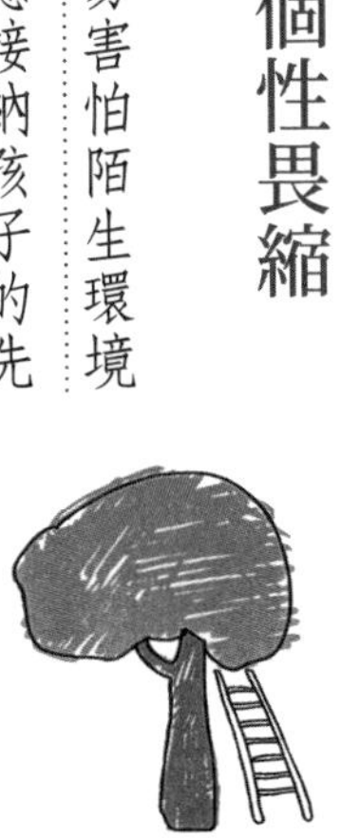

爲了教養方便，有時候父母會用恐嚇來取代教養，以爲恐嚇是最快使孩子聽話配合的方式，但如果小孩經常被恐嚇，容易產生畏縮個性，眼神容易飄移閃爍，做事也較有消極的傾向。

父母爲了要孩子聽話，經常會用「惡魔要來抓你、虎姑婆會把你吃掉或抓走」各種言語上的恐嚇。孩子的腦子裡就會有害怕的影像，不敢自己一人睡覺、上廁所，父母又回頭罵孩子膽小鬼，怎麼什麼事都怕呢？

有些孩子的先天氣質較爲趨避性，容易害怕陌生環境或不熟悉的人，這更不能恐嚇，父母應接納孩子的先天氣質而非強迫面對；但有些孩子的畏縮個性是來自於經常被恐嚇，這就要反思教養上是否需要調整了。曾有次我聽到一對親子的對話如下：

小孩：「我不敢自己去上廁所！」

媽媽：「怕什麼？膽小鬼！」

小孩：「因爲後面有惡魔。」

媽媽：「哪裡有？趕快去，不然等下尿出來！」

小孩哭～～「害怕後面有惡魔！」

媽媽：「別怕，惡魔不咬 4 歲的小孩。」

孩子還小的時候剛學會爬，常會離開大人的視線範圍，父母爲自己的方便，習慣用恐嚇的語氣，說那裡黑黑或有惡魔，以此要求孩子回來，久而久之，孩子就產生了害怕的情緒，自己嚇自己，甚至長大了仍會莫名的害怕。雖然媽媽再補上「惡魔不咬 4 歲的小孩！」一旦建立的大腦刻痕是很難再刷新的，需要付出相當大的功夫自我覺察內省。

帶孩子外出玩最怕的，就是孩子玩到不肯回家。父母最常使用的招式就是，

「再不走，就不帶你回家，讓你一個人留在這裡。」「你不乖，就不帶你回家。」孩子一急就哭了，結果就變成快樂的出門，哭哭啼啼的回家，不止玩不夠了，連被愛的感覺也全沒了。

8

你會用書恐嚇小孩嗎？

說故事更重要的意義是，能在寶貝的小小腦袋瓜裡留下美好的回憶：依偎在媽媽懷裡，聽媽媽溫柔的說著有趣的故事，享受著被愛的感覺！

有天接到一位媽媽的來電，提到了與孩子唸繪本，對故事所描述的情節有些疑問。這是一本改編自中國童話的寓言故事，書名是《忘恩負義的狼》。這個故事主要傳達的是：對忘恩負義的人該如何智取。

童話故事的美，在於會用童話來包裝人性比較黑暗的部分，避免幼兒的內心世界對人性產生負面的感受。例如：《七隻小羊和大野狼》，它所要表現的是，七隻小羊代表多數的好人，而大野狼則代表少數的壞人，遇到危險時，媽媽會出現拯救我們，代表光明與希望。日後當孩子遇到困境時，這些故事裡所意味的靈敏機智、應對能力、團結合作……自然會投射出來。

媽媽提到：當狼問魚，可否吃掉老人時，魚的回答是可以的，而孩子問「爲什麼魚會同意狼吃掉老人呢？」這個時候，你會怎麼回答呢？如果你是這樣說：「因爲人類會抓魚吃，所以對人有仇恨，當然會同意狼把老人吃掉。」那麼當下次，孩子吃魚、吃雞、吃豬肉時，所想到的是仇恨，而不會是感恩。

至於書中狼問的不管是魚是老樹或是老黃牛，這都是童話故事美的所在，把負面的事物統統用擬人法由動物、植物去承擔。最後，問到的是有智慧的人，運用機智，幫好心的老公公免於被忘恩負義的狼吃掉的命運。這是童話故事所要隱喻的人生哲學，若大人不了解，對孩子做了負面解釋，那還眞是不如不念書。

為孩子唸故事書，是為了讓孩子享受被愛

這個案例讓我想到了多年前的智慧家庭活動，我逐一發餅乾給與會的小朋友，其中一位約 4 歲的小女生，用她稚嫩、羞怯的童音對著我說：「餅乾不能吃！」我好奇的反問她，「爲何不能吃呢？」小女生給我的回答是：「餅乾有毒！」這應當就是白雪公主惹的禍。

或許媽媽在講這個故事時，還附加叮嚀不能吃陌生人給的東西，因爲那是「毒

蘋果」，這孩子的人際關係便被大人給毀了，認爲陌生人＝壞皇后，而這流傳百年的經典故事，本意是要傳達寬廣的心啊！當父母用故事書恐嚇孩子時，不僅僅失去了原來要傳達人性眞、善、美的原意，甚至一點一滴給孩子輸入錯誤的人生觀，不得不警覺哦！

下次給孩子唸故事書時，請把它當作好聽的故事，說完就好，孩子的頭腦自會建構其價值觀。說故事更重要的意義是，能在寶貝的小小腦袋瓜裡留下美好的回憶：依偎在媽媽懷裡，聽媽媽溫柔的說著有趣的故事，享受著被愛的感覺！

你會因爲方便管教孩子而恐嚇孩子嗎？「你不乖，讓爸爸回來打你。」孩子一看到爸爸回來，也開心不起來了，因爲只是想著「今天惹媽媽生氣，爸爸回來會打我」，反而就與爸爸敵對了。「你不乖，讓老師處罰你。」孩子就想「明天我不想上學了，媽媽會和老師說我不好，老師也會不喜歡我。」

9

經常被威脅的孩子，較壓抑或情緒衝動

習慣威脅孩子的父母，是權威的，不是有愛的；老被威脅的孩子，心中一定充滿著仇恨，等著有一天，能脫離這樣的環境。

很多父母與孩子說話，會不自覺地用威脅的句型：

「飯沒吃完，不准離開飯桌！」

「功課沒寫好，不准看電視、玩電腦！」

「書沒背好，別想我會給你零用錢！」

「這次沒考好，以後都別想出去玩！」

這樣的語氣，這樣的管教方式，是愛孩子嗎？父母經常說，不這樣威脅他，他

就沒在聽話啊！但如果一直都是這樣的說法，孩子有變得比較聽話嗎？不但不會更好，反而還愈來愈壞了。

父母有體貼孩子，飯吃下不，是不是因爲不餓呢？功課一直寫不好，是不想寫，還是不會寫，還是想要你陪伴鼓勵呢？書背不起來，是大家都在看電視，在客廳說說笑笑，而動了不想背書的念頭？考壞了，孩子自己心裡也不舒服，父母有沒有關心孩子，是否需要陪伴複習嗎？孩子會因爲你的體貼、關懷、鼓勵，而愈來愈好。

愈小的孩子，當你用威脅的口氣，一開始會怕、會變得比較聽話配合，但他愈大之後就愈不會配合了。因爲年幼的孩子凡事都要依賴大人，怕你不愛他；等到孩子長大了，能自立了，就逃得遠遠的。

童年快樂，一生快樂。童年的記憶，投射在長大成人的任何事件裡，潛意識占了八分之七，內心感受快樂與否，決定孩子一生的幸福感。別對孩子說「你不乖、不聽話，媽媽就不給你什麼」的威脅句，長大之後，與人際交往口氣上也會不自覺的威脅他人，這就破壞人際關係了。行爲是模仿來的，語言也是，如果父母聽到孩子會用威脅句對手足或對同學時，那就要回頭檢視自己了。

10

習慣接受利誘，會變成以功利爲導向

不要用錢來利誘孩子做家事，如果凡事用錢來衡量，會造成孩子過於現實；用情感來利誘孩子配合，就成了情緒勒索。

偶爾會看到有些人家的牆上貼著家事價格表，如：洗碗二十元、倒垃圾十元、收衣服十元……雖然父母的本意是爲了鼓勵孩子養成幫忙做家事的習慣，但往往會讓孩子不自覺地產生一種只要被要求就會跟父母談條件的習慣。如，「那我幫忙擦桌子，可以拿到多少錢？」這就違背父母想養成全家一起做家事的美好期待了。

當孩子幫忙家務可以給予讚賞，但如果讚賞是放在要求做家事之前，如：「你最乖，趕快來幫忙做事」這就是利誘。如果孩子經常被用讚賞句型來利誘做家事或要求配合，久而久之只要聽到讚賞句，就會直接聯想到「你要我做什麼」。心中納問：「這人這樣讚賞我是有何目的？」

也難怪有些成人來諮詢時，會說自己不知道爲何會莫名的害怕，只要聽到他人對他的肯定或讚賞，心裡就會覺得哪裡怪怪的。原來就是從小當聽到父母、老師對他讚賞後，接著就是要求他做事情或是配合所產生的陰影。還沒完成具體的事情之前，就先給予肯定讚賞，就是利誘！

有媽媽問說，她和先生會因爲孩子考高分而給予錢以示獎勵，但漸漸地，孩子變成主動要求：「我如果這次三科一百，可以給我多少錢？」父母發現這樣感覺好像不太對。問我，「孩子考一百分，可以給錢嗎？」當然可以，但給錢的目的是鼓勵他認眞學習的態度，而非利誘他考高分；另外，也要給孩子灌輸正確的觀念，讀書是享受權利，不是爲父母盡義務，是爲了給自己培養更多的能力，而非替父母考高分。

給孩子零用錢是沒有任何目的，也不是條件交換來的，固定時間給孩子零用錢，進而學習如何管理金錢，不能用零用錢當利誘的籌碼，久了會養成孩子習慣用錢來衡量生活中的大小事，這就過於功利。

11 認識孩子行爲背後的感受

想要改變孩子的不當行為，父母需先從情境來改變，而非先急著改變孩子的行為。

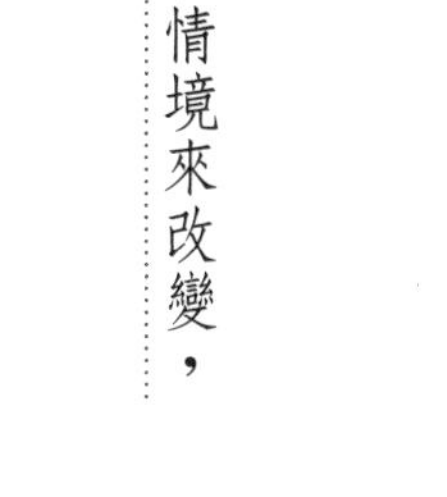

多年來的工作經驗，我領悟了這個公式，發現無論是大人或是小孩外在所表現出來的行爲，一定跟他的內在感受有關，而所有在關係中的人，幾乎都是先處理行爲而忽略了關注感受。

行爲的背後是感受，而一個孩子的感受是怎麼形成的呢?可以從認識氣質開始，每個孩子的氣質不同，對待的方式就要有所不同。

有個小孩的氣質是反應強度偏強，這天他與另一個小朋友玩玩具，對方只是把他的玩具拿走，他直接就動手推人大聲尖叫，然後大哭崩潰。對方媽媽問說，「你的孩子怎麼會反應那麼大呢？」這可能就是這孩子的氣質，所以父母要先觀察孩子

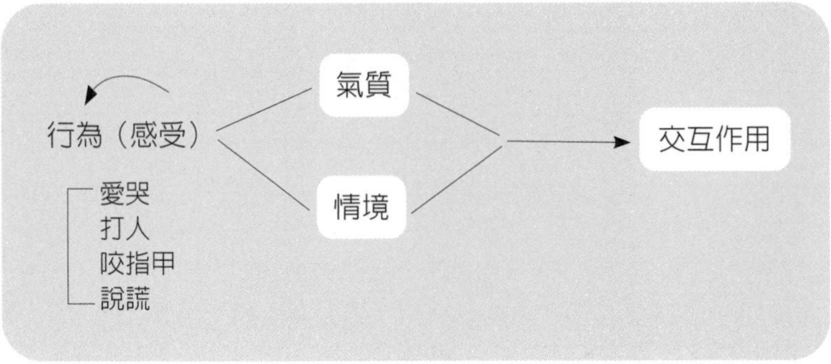

的氣質。

當孩子的氣質不同，對待的方式就要有不同，而如何對待指的就是情境。例如孩子不寫作業的行爲，父母應先關注孩子的內心感受，是作業太難寫、懶得寫，還是需要被關懷。當父母觀察到孩子寫作業拖拖拉拉時，先想一下背後的感受然後關心，如果遇到反應強度強的小孩，用罵的情境，孩子的反應強度就更強；但如果遇到反應強度偏弱的，孩子雖然嘴巴上不說，但內心會有不好的感受。

想要改變孩子的不當行爲，父母需先從情境來改變，而非先急著改變孩子的行爲。情境就是一個變項，本來父母是用罵的，改成溫和陪伴關懷與讚賞，再觀察當改變情境對待孩子之後，孩子的行爲是否有什麼變化。當父母改變情境之後，不要想著「我都改了，孩子怎麼沒有馬上改好？」孩子沒改變，父母又回到原來責罵的情境模式，孩子就會對你失去信任，變成不一致的教養類型。

小孩用行爲來調教父母不得不改變情境，而父母學習教養認知來改變對待孩子的方式。

12

改變家庭氛圍，先從改變自己開始

誰先改變，誰就先得到內心的自在，請重視自己內心的感受。接受自己的內心感受，覺察自己的喜怒哀樂，才能達到內心的平衡。

有次婚姻諮詢，老婆的大腦刻痕顯示的情感互動特質是最理想的人生劇本，而先生則是情感孤獨，渴求他人關懷。這對夫妻很有意思，老公講話很機車，很喜歡說話損老婆，而老婆總是用一種不屑的表情回覆他。講話很機車是反映內心感受，渴求他人關懷，但是用錯的方式來引起注意。當老婆聽到老公損人的話，內心感受很不好，於是用不屑、不予置評的表情來回應，夫妻倆相處的情境就是這個樣子。

我對兩位說：「只要你們其中一個人願意先改變情境就好。」當老公說話機車時，老婆的念頭是，「他就是渴求他人關懷的說反話，我練習用正面的態度回應他，感受就會好，說話的方式慢慢就會改變。」家庭情境總是要有一個人先來改變，不是期待爲何對方不先改，你不改我也不改，所有成員就繼續陷在衝突的情境裡。

感受長期不好，家庭的氣氛怎可能會好呢？

所以想要改變家庭氛圍，從改變自己開始，改變自己先重視家人的感受，重視父母公婆，重視另一半、兒女的感受，重視手足關係擴充到重視對朋友的感受，良好的人際關係就是這樣發展來的。每一個人都想要被重視被在乎，那就由我們個人先開始。對方的感受好了，行爲就會穩定，家裡情境好，家庭成員的心情就會放鬆，不用質疑爲什麼都要媽媽老婆先改，誰先改變，誰就先得到內心的自在，請重視自己內心的感受，接受自己的內心感受，覺察自己的喜怒哀樂，才能達到內心的平衡。

練習觀察到行爲後，先了解其背後的心理狀態，這是心理學很重要的發現，從行爲觀察心理，從心理感受推演行爲，行爲和感受是連貫的。

媽媽今天心情好、感受好，愉快地煮飯給家人吃。

小孩今天的心情好、感受好，寫功課就特別的快。

老公今天心情好，感受很好，主動幫忙顧小孩，幫忙做家事。

從自己先改變，家庭的情境氣氛就會愈來愈好。

13 高要求，低回應——高壓專制型

你是否經常要求孩子做什麼事都要先跟媽媽說呢？孩子聽話怎麼又被媽媽罵了呢？

根據研究報告，親子關係的良好與否與父母的教養信念和教養類型，有一定的相關性。研究也指出，父母愈傾向「開明權威型」的教養信念，親子關係就愈好；父母愈傾向「寬鬆放任型」與「冷漠忽視型」，親子關係就愈差。不同的教養類型形成不同親子互動的情境，所以情境的好壞取決於父母的教養信念。

「我會幫孩子安排好生活中的大小事嗎？」

「我會要求孩子做任何事之前，都需先經過父母的同意嗎？」

「我會要求孩子主動跟人打招呼嗎？」

「我會要求孩子遵守社會規範嗎？」你的回答會傾向「是」或「否」呢？

有次諮詢，父母兩人對教導孩子跟長輩打招呼這件事有不同的看法，於是來問我，怎麼看待孩子「打招呼」這件事。爸爸說，「在我的原生家庭裡，沒有跟長輩打招呼就等於是不禮貌的行爲，不跟長輩打招呼就是要處罰！」而媽媽的看法是，「當然要教育孩子跟長輩打招呼，但是否可以不要用處罰的方式來要求，這是否會產生反效果？」孩子也因此跟媽媽表示，「爸爸那麼凶，更不喜歡跟長輩打招呼了。」父母是要教育孩子主動跟長輩打招呼，但不要用嚴厲要求的方式。

調教法則的第一條是「以身作則」，父母先反思自己見到長輩是否會主動先「打招呼」呢？常有父母帶孩子見到長輩的第一句話是，要孩子喊「爺爺好！」若見孩子沒喊，第二句則是「沒禮貌！」行爲是模仿來的，當父母對長輩都有禮貌的打招呼時，孩子自然也會養成打招呼的習慣。禮貌是愛來的，並不是教出來的，以不當的管教方式教禮貌，本身就是一個不禮貌的行爲。

孩子不打招呼的可能原因是，氣質個性較傾向趨避容易害羞的個性，也可能是對長輩或父母不滿的消極攻擊，思考行爲的背後感受再調教行爲，不能只是處罰

「沒禮貌」。當孩子跟隨父母向長輩打招呼時，父母讚美孩子：「你好有禮貌喔！會跟長輩打招呼，眞是好有禮貌的小孩！」被正增強禮貌行爲的孩子，行爲就愈好。

當然不是不要求孩子遵守禮貌或社會規範，但如果是高要求孩子遵守社會規範，卻是用處罰的低溫暖來回應，那麼孩子的配合度就會偏低，或是壓抑配合，並非發自內心的想與人打招呼，就失去了禮貌教育的意義了。

會幫孩子安排好生活中大小事的父母，是很用心且盡職，但如果全然要求孩子只能聽話照做不能有異議，這就是高壓權威型的教養類型了。要求孩子做任何事之前，都需先經過父母的同意嗎？這個問題需要反思，父母通常會同意孩子想做的事情嗎？例如，孩子想吃餅乾，父母的回應大多是「現在不行！」孩子想看電視，「現在不行！」孩子現在想要玩玩具，「現在不行！」如果是經常被拒絕的孩子，就很容易有說謊的行爲。

曾經有個媽媽跟我講他的 4 歲小孩很煩，「什麼都要來問我，要上廁所也要來問我：『媽媽，我可以去尿尿嗎？』」媽媽還大聲吼回去：「要尿尿還不趕快去，問我做什麼？」我問媽媽，「你可能是不自覺的『高壓權威型』教養類型，你是否經常要求孩子做什麼事都要先跟媽媽說呢？」孩子聽話怎麼又被媽媽罵了呢？很多父母都不認爲自己是高壓專制權威型的父母，但事實上給孩子的感受就是，其實是自以爲的不高壓權威啊！

14 高要求，高回應——開明權威型

我會在睡前陪伴孩子講故事或聊天嗎？

我會在孩子做錯時，先聽他的原因嗎？

我會配合與協助孩子做他喜歡的事嗎？

我會和孩子一起擬定生活規範嗎？

父母可以用高要求的態度來要求孩子遵守社會規範或行爲準則嗎？當然是可以的，否則孩子就很容易成了自我中心的性格！有些父母親會納悶地問，「有些父母對孩子的要求很高，孩子的配合度也很高，爲何我的孩子都不配合，是不是我的孩子特別難教呢？」這問題的原因究竟是什麼呢？

當父母要對孩子高要求時，要搭配高回應，對孩子的合理要求要給予溫暖、同理與關懷的回應，這是主要的關鍵。睡前能夠陪伴孩子講故事或聊天，孩子就有愛

的感受，聽著爸爸媽媽溫柔說故事的聲音，充滿愛、關懷與安全感，孩子就能有自信有能力且願意遵守與接受要求，給孩子正面的高度回應，是給他們在情緒上的支持與自尊上的支持。

我經常提醒父母，當孩子被拒絕而生氣、哭鬧不停時給予情緒上的支持，不要再罵孩子「不准哭」「怎麼可以生氣呢？」否定孩子的情緒，就不是給孩子情緒上的支持。父母可以拒絕孩子一直要求吃餅乾，但能夠同理孩子被拒絕後難過哭鬧的情緒，不打罵或不恐嚇地等待孩子發洩情緒，這才是給予孩子情緒上的支持。

父母回應孩子溫暖的感受，在於說話的口氣、臉部表情是否會對孩子微笑、點頭，會給孩子溫柔的擁抱，會輕拍撫摸孩子，會蹲下來和顏悅色的傾聽孩子說話。給予孩子自尊上的支持，則是不可以當著他人面前責備小孩，不在他人面前傷害孩子的自尊。

曾有次諮詢媽媽提到，孩子當著媽媽和老師的面，情緒超級激動到無法控制的反駁行爲，媽媽說看見孩子這麼激烈的生氣，也嚇了一大跳！原來是老師當眾指責孩子，還在媽媽面前大聲的指責孩子行爲很差，愛面子的兒子聽了，反應就過度了！所謂給孩子自尊上的支持是，講孩子的缺點時要私下講，不要當眾指責，包括在爸爸或其他手足的面前。

當孩子犯錯時，聽他們解釋，就是父母對孩子寬容的回應，理解孩子的行爲是否因爲不懂而犯錯，再給予教導正確的行爲（後面會說明調教守則的正確方法）。父母要有寬容的心態，等待孩子的發展成熟，非急著要求孩子的行爲一次到位。如，小小孩開始學習自己吃飯時，一定是先從玩食物開始，會弄得到處都掉飯粒或菜，父母寬容的對待尚未發展成熟的孩子，就是愛！

父母會與孩子聊天，會陪伴孩子玩遊戲，會傾聽孩子的想法，會與孩子共同討論該遵守的規範，也能同理心看待孩子的需求；孩子能夠從父母那感受到溫暖、支持與包容的回應，親子間具有良好的依戀關係，及父母正確的教養調教認知，當然對於父母高要求孩子遵守規範時，孩子就能配合，因爲被愛夠的孩子會願意聽從父母的指令。

15

低要求，高回應——寬容溺愛型

「孩子吵著買玩具，我通常都會買給他。孩子還小，我不會要求孩子做任何事。孩子要求的事，我都會答應。孩子還小，即使做錯事我也不會責備他。」

請問，你也有上述想法嗎？

傳統的父母偏重權威教育，而現代的父母經常會陷入一種迷思，認為愛孩子，就別讓孩子哭，避免內心產生挫折感。

一些來諮詢的媽媽告訴我：「孩子非但不怕我，還會欺負我。」「我明明就很愛他，但孩子對我的態度很差！」

媽媽很氣餒又沮喪，不知道問題究竟出在哪？

有一次在咖啡廳進行諮詢，媽媽帶著孩子來。服務生送上餐點後，孩子表示食物不好吃，又要求再買另一種，媽媽對孩子說：「不行，你吃太多了！而且來之前你已經吃很多了！不可以再點了。」一旁的孩子持續盧著媽媽，重複的說著：「我要吃東西。」「我要吃……」媽媽拗不過覺得孩子煩，一臉嚴肅的瞪著孩子說：「不行，你吃太多了！等一下晚餐會吃不下。」孩子依然故我的盧著媽媽，甚至直接拿媽媽的皮包，儼然就是「我要！我就是要！」的態度。媽媽還是妥協了，無奈看著我說：「你看，他就是這樣！」

我說，「不是他就是這樣，而是你允許他這樣。你剛才做出很凶的表情，但感覺上孩子根本不怕你，是不是平常面對孩子的不合理要求，你都順從的多？而在要求規範孩子方面，即便孩子沒做到，你也順著他？或是太把孩子當成朋友，少了當父母的威嚴呢？」媽媽想了想說：「好像是耶！」我：「這不就成了溺愛嗎？」

順從孩子的不合理要求，就是溺愛

有一位媽媽諮詢的問題是，「我的孩子每天鬧著不上學，怎麼辦？」「我也有給孩子滿滿的愛啊！」真不知道我到底哪裡做不夠？

我問媽媽：「孩子不上學，你都怎麼處理呢？」

媽媽：「我就跟他說不能不上學！」「媽媽上班要遲到了！」

我：「然後呢？」

媽媽：「孩子依然不上學。」

我：「是每天都不上學嗎？」

媽媽：「有時候也會乖乖配合。」

我：「什麼情況他會配合上學呢？」

媽媽：「感覺他心情很好的時候。」「就是我配合他所有要求的時候。」

我：「什麼要求？」

媽媽：「孩子會要求我買玩具、吃零食、不上安親班……」「還會要求我跟老師說功課不要出太多，不然他就不上學！」

我：「那你都怎麼回應孩子的要求呢？」

媽媽低下頭：「我爲了能夠趕快出門，只能都說好！」

這樣的親子互動模式，就是低要求高回應的「寬容溺愛型」，媽媽被孩子操控了！孩子仗著媽媽愛我，不會凶我，即便凶也只是一下下而已，孩子根本不怕！

如果是怕孩子生氣、怕孩子哭鬧，那表示父母沒辦法調教孩子，這樣的順從並不是愛，不合理的要求還順從，就是放任溺愛了。不打罵、不恐嚇、不威脅、不利誘之後要懂得調教，而非在「四不沒有」之後順從孩子，孩子就變成了以自我爲中心，只有他能要求他人，而不接受被他人要求。過度順從並不是愛。

有的父母是用補償心態順從孩子，如，覺得獨生子沒有手足，孩子很孤單，所以有求於我的我就盡量滿足；另外，也有父母因爲忙於工作或忙於照顧其他孩子，對孩子心存愧疚，也盡量順從孩子的要求。父母用錯的方式愛孩子，孩子也養成用錯誤的方式討愛，要求父母買玩具，買給我就是愛我，不買就是不愛我；順從我的要求才是愛我，不順從就是不愛我。這就是現代的新名詞「媽寶」，我們都不喜歡這樣的人當另一半，注意別把孩子教養成這樣的人！

16 低要求，低回應——冷漠忽視型

「我不會理會孩子的哭鬧行為。我不太清楚孩子的日常作息。我不太清楚孩子在學校的學習狀況。我不太輕易的讚賞或鼓勵孩子。」

你也有這樣的情況嗎？

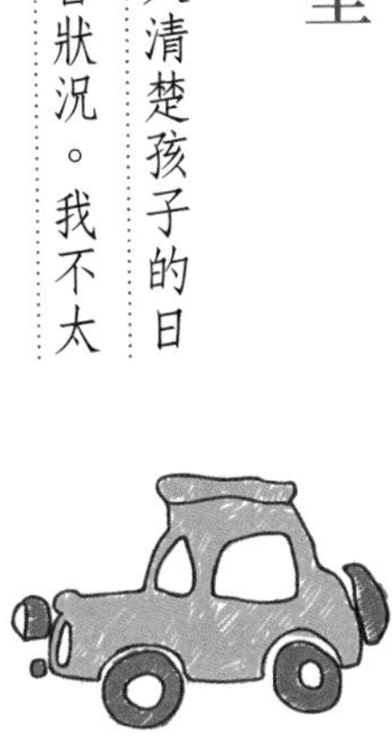

應該有很多父母誤解了「冷處理」這個用詞，以爲就是「不要理他」。曾有一個媽媽跟我說，當她面對孩子哭鬧的時候會跟孩子說：「你哭，我也不會理你！」我說，「這句話聽起來好無情！如果另一半在你情緒低落難過哭泣時，同樣也對你說這句話，你的感覺會是如何？」

「冷處理」是指當面對孩子無理要求而哭鬧時，父母不涉入自己的情緒，以不鄙視、不敵意的態度對待孩子，等待孩子的情緒過去，而非被孩子的行爲激怒。冷

處理絕對不是「不理他」，否則就成了「冷漠忽視型」教養類型了。

是培養孩子獨立，還是冷漠忽視？

有次諮詢令我印象非常深刻，這位媽媽會來諮詢是因爲孩子在校態度非常散漫，老師寫了多次聯絡簿，提醒家長注意孩子的生活作息，如：功課經常沒交、課本不見了、衣服的清潔等。諮詢時媽媽對我表示，「我就是想讓孩子對自己負責，什麼事都讓他自己來。」雖然說培養孩子獨立對自己的事情負責是正確的，但並不代表完全不理會孩子啊！

曾經在一場親子講座中，我問父母，「你知道孩子喜歡吃什麼食物嗎？你知道孩子在學校的好朋友名字嗎？請寫下來。」很多父母非常快速的寫好，但有些人交回來的紙上卻是空白的。某次諮詢我也問媽媽這個問題，媽媽一時說不上來，因爲媽媽所有的重心都放在擔心老公外遇的事上，根本無暇關心孩子的生活作息，孩子的感受就被忽略了。

父母眞的可以不在乎孩子的課業嗎？可以不在乎分數的高低，但要關心孩子的學習狀況，是否聽不懂需要父母協助，父母不能只忙於自己的事而忽略陪伴孩子的課業學習，好的陪伴過程確實可以提升孩子的學習意願及課業的理解能力。操煩擔心成長中孩子的不當行爲而主動學習正確的調教方式，這是正確的態度，但如果說完全不擔心，那要思考到底是培養孩子的獨立負責，還是不小心變成冷漠忽視了呢？

愛到 5 歲才可能滿足，太早的年齡就教孩子學習獨立，反而容易變成冷漠。就像有些父母認爲大寶已經 4 歲了，二寶也出生，應該要自己睡了，想讓大寶獨立睡覺，結果狠心的讓孩子自己待在房間哭，想說習慣了就好，但這卻是忽視孩子的情感欲求，被過度冷漠對待的孩子，長大也無法發展出對他人的同理心。

17 你是教養不一致的類型嗎？

父母的教養類型變來變去，孩子也無所適從，變成沒有一定的規則可依循，而不信任父母的管教。

很多父母來諮詢都會有一種共同現象，當他們明白過去用專制高壓權威對待孩子的管教問題，改變不了孩子的行爲反而更容易反彈時，就會產生放任的念頭「那我以後都不管孩子了！」我說，不能高壓權威的管教孩子，不代表要你放任不管，這心態不就變成「時而權威，時而冷漠」？

有的父母則是發現原來自己太過度溺愛孩子，失去了父母的準則，才會讓孩子變得用情緒行爲來操控我，那我現在開始要對他「嚴格管教」才是，這就變成「時而放任，時而權威」。變來變去的教養類型，孩子也無所適從，變成沒有一定的規則可循，而不信任父母的管教。

比起要具備教養認知，父母自己的情緒管理更重要，才不會用自己的情緒來決定今天管教孩子的態度。有些父母教養小孩是取決於他人，長輩鄰居說，「孩子要打才會乖」，自己想想也對！我也來用打的，等等又遇到其他的長輩鄰居說，「孩子怎麼用打的？要好好調教才行！」父母就迷茫了，找不到自己的教育核心。

時而權威、時而寬鬆放任、時而冷漠，孩子會更容易試探父母的底線而敢挑戰父母，結果就成了打也不怕，父母凶時孩子就裝乖，父母不凶時又管不動孩子。

18 十個重要的調教守則

「不打罵、不恐嚇、不威脅、不利誘」的「四不」之後，最重要的就是如何正確的調教，也就是改變孩子偏差行為最為關鍵的「情境」變項。

按照正確的調教守則，將來孩子會講道理，會知道對錯。用錯管教方法，行爲容易更偏差；用對調教法，行爲就好一大半了。接著我們就來逐條討論調教守則。

1. **以身作則**

身教大於言教，孩子的行爲都是學習模仿來的，孩子會觀察父母的行爲，父母常微笑，講話輕慢柔、溫和有禮，孩子自然就會模仿父母的行爲。所以說孩子是我們的一面鏡子，看著孩子的行爲，就不難看到自己。如果父母情緒暴躁不穩定，那孩子自然很容易採用生氣的口吻。父母的ＥＱ到哪，孩子的就到哪。以身作則，也是四夠教養談的情境的意思，希望孩子對人有禮貌，那麼父母就要先對人有禮貌。有位媽媽跟我說，孩子對家裡的外傭講話口氣很不好，會指使外傭，覺得孩子這樣是不禮貌的，但我聽媽媽跟外傭講話的口氣也是這樣，這就是以身作則。

2. 前後一致

我們管教孩子的行爲時，有前後一致嗎？例如媽媽說，不可以跳沙發，但是媽媽今天心情很好，就隨便孩子跳；改天同樣跳沙發，媽媽心情不好就開罵，這個就叫做前後不一致。或是當孩子吵著要買玩具時，父母心情好就買給他，心情不好就罵小孩這麼愛吵，下次不帶你出門了。

父母的管教法前後不一致，孩子就很容易挑戰父母，習慣吵吵看，也許媽媽今天心情好，就可以吵得到玩具。父母可以跟孩子說明什麼時候可以做，什麼時候不可以做，爲什麼可以，爲什麼不可以的時間、空間等因素，而不是用自己的心情決定。由自己的情緒好惡而決定的、前後不一致的教養方式，反而會讓孩子產生矛盾而無所適從，沒有一個標準可以依循。

3. **自我增強**

正視孩子的正向行爲表現，只要有好的行爲出現，立刻給予正增強；負面行爲要調教，但口氣可以溫和，在孩子的面前要多鼓勵和讚賞，孩子比較容易接受。

愛夠的孩子容易聽話。只要孩子有好的行爲就立刻給予正增強，肯定孩子做得很好很棒，針對具體的行爲或事件來給予增強。例如：孩子自己收玩具，可以立刻當面鼓勵他讚賞他：

「你可以把自己的玩具收得乾乾淨淨的，很棒！」

「你會幫媽媽擦桌子，很棒！」

「你會幫爸爸拿拖鞋，很棒！」

「你會幫阿公阿嬤倒開水，很棒！」

看到孩子有好的行爲立刻給予讚賞，正視孩子的正向行爲表現而給予正增強，不能只看負向行爲表現而責備。父母習慣認爲孩子做得好本來就應該，做不好的，就罵。好的行爲不增強，卻一直在增強不好的行爲，不好的行爲，一直提醒一直講，例如：不可以打人。媽媽跟你說，「你今天到學校不可以打同學，知道嗎？如果你今天回來，又被老師說你打人，看你怎麼辦？」這就是一直增強負面行爲表現。

4. 社會增強

在別人的面前一定是讚賞，要謙虛的是自己而不是謙虛孩子，人家讚賞你的孩子，你就說「沒有，他很懶惰，讀書不認眞，很不用功啊」，這並不是謙虛。當他人對我們讚賞孩子不錯時，我們可以回說：「謝謝。」不能以爲做人要謙虛，而回「沒有啦！一樣也是很皮。」

要謙卑自己，而不是謙虛孩子。

另外一種社會增強，媽媽假裝在房間裡跟爸爸聊天，「爸爸，老師今天打電話來說，孩子在學校的行爲表現很好，在學校會主動幫老師做事情。」爸爸：「眞的啊，我就說，我兒子眞的很棒啊~」故意讓孩子偷聽，而覺得父母與老師都在背後說我很棒！

5. 調教時不情緒化

這條大概是父母覺得最難的，也正是因爲自己的情緒化，徒增教養的困難度。生氣時不調教，因爲生氣時的調教是沒有用的，在生氣時罵小孩子，只會讓孩子覺得媽媽在罵人，並不會讓孩子理解「原來是我的行爲不對而被媽媽罵」的前因後果。孩子正在生氣的情緒下，父母也不用說教，因爲只會刺激情緒。

6. 一對一的調教

避免在他人面前說教，即便是爸爸或手足、老師同學的面前也都不行，大人有自尊，小孩也有自尊，大人自己也不喜歡被在他人面前說不對的事情。記得有一次，在課堂上有個媽媽說，公公在其他親戚的面前指責她，當她在說這段話的時候，說著說著就哭了，可以感覺到這位媽媽的委曲。

孩子的優點，可以大力說，可以當著眾人的面前說。

孩子的缺點，就要私下說，這是給予孩子自尊上的支持。

孩子還小，更需要被有自尊的對待，能夠得到父母在自尊上的支持，就會得到內在的滿足感，被愛夠就會有自信，有自信的人一生快樂。

諮詢時，我都會特別留意這個部分，有些媽媽一坐下來，會開始否定孩子，說孩子種種行爲的不是，我會示意媽媽用寫的，一對一調教就是不在他人面前說教孩子的行爲。就好像我們在公司，也不喜歡被老闆當著同事的面前指責自己。

所以，自己不喜歡的事，不要對著別人做。自己不喜歡被對待的事，更不可以對著年幼的孩子做，把自己喜歡被對待的方式，對別人就對了。

7. **先教導孩子正確的行爲**
8. **再說明不正確行爲的後果**
9. **再教孩子正確的認知，告訴他爲什麼**

這三點是連在一起的，意思是調教孩子時，先講正確的行爲，再說明不正確的行爲後果，再說明爲什麼。

有個媽媽問說，哥哥妹妹同時坐在推車裡，但是哥哥不要讓妹妹坐，就想把妹妹踢走。媽媽覺得這樣很危險，問我應該怎麼說，才不會讓哥哥覺得媽媽是在罵他。我們用這個例子來套用7、8、9。

先講正確的「7」，哥哥可以說：「我想要坐前面。」「我想要自己一個人坐推車。」

再說「8」會產生的負面感受。可以說「用踢的，妹妹會嚇到，也會有危險，媽媽也會因爲害怕你們受傷而生氣。」

所以「9」，在不想坐很擠時，我們可以說，「媽媽我想要自己坐推車可以嗎？」或者與孩子一起想想看，爲何不能用踢的呢？

再來一個例子，孩子不想要自己吃飯。

先教「7」正確的行爲：「我們吃飯要自己吃喔。」

再講「8」不正確的行爲後果：「不會自己吃飯會怎樣呢？肚子會餓，對嗎？」

最後講「9」：「所以，當我們會自己吃飯，沒有別人餵我們的時候，也不會餓到肚子啊～」

有個孩子站在小板凳上跳舞，是有點危險，一般父母大概都會說「不可以站在上面跳」「很危險！下來」。其實可以用調教守則789來試試，「我們要在地板上跳喔。」「如果在小板凳上跳，容易踩空掉下來，會跌倒也可能會讓腳受傷。」所以爲什麼我們不能在板凳上跳呢？孩子就會回答你，因爲會踩空會受傷，媽媽說：「答對了！你很棒，知道我們要站在安全的地方。」

經由事件，正確的調教，才能讓孩子知道「邏輯後果」，聽懂「因爲……所以」。

如果父母只是生氣說不可以，或恐嚇「你再這樣跳，我就打人！」這只是罵，就不是調教，這也是爲什麼父母每天都在生氣的罵，孩子的行爲依然如故的原因。

10. 調教者必須是有依戀關係及正面認知的照顧者

依戀關係就是依附關係，簡單說，就是能給孩子大量愛。會陪玩，會滿足孩子心理需求的人，就能夠讓孩子與他人建立良好的依附關係。

要有良好的依附關係，才能調教小孩，平常都是打罵的，小孩怎麼會接受調教呢？

就好像，婆婆很愛唸，老是否定媳婦，結果婆婆要求媳婦的事，媳婦一定也會不想聽，這就是沒有依戀關係。夫妻吵架，平常公婆對你有愛，講的話也很有道理，你就會聽公婆的。

老公如果很愛老婆，老公說的話，老婆就容易聽得進去，媽媽平常有愛孩子，能給愛又能陪玩，孩子錯誤的行爲才能被媽媽調教，孩子也才能願意聽進去。正面認知的照顧者，講的是懂得正確的調教方式，懂得孩子的發展歷程。正在閱讀此書的你，就是正在學習教養的正面認知，有正確的認知，孩子也才會接受調教。

教養不是零零碎碎的教育，是父母要能學得、穩固、到一般化，這需要時時充電進修，各行各業都需要專業，父母這個終身職業更是。父母是孩子的第一個重要他人，家庭是孩子第一個重要的學習情境，與父母建立的第一個人際關係，也是影響其日後的人際關係，父母願意改變教養信念，親子關係好才能改善幼兒的行爲。

以上這些觀念都是不用花大錢，又能幫助孩子發展的最根本條件，身爲父母必須學習，各行各業都要專業、證照。孩子天生都是完美的，就看你給了什麼情境，來幫助孩子發展。人是情境之子，父母布置了什麼情境，孩子就學會了什麼，有書的環境，自然孩子就愛看書；有電視，自然就看電視；有愛的家庭情境，孩子就能感到溫暖。

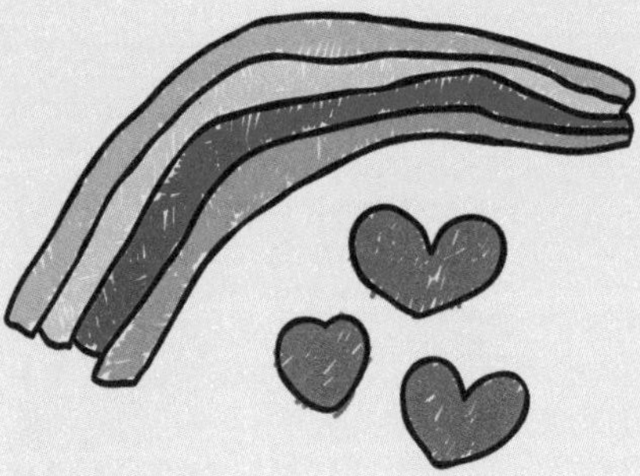

第四部

做事夠

當孩子跟著媽媽一起做事又得到媽媽的讚賞，孩子的內心會覺得「我」跟媽媽是一起的，自然就會有安全的歸屬感；反之，當媽媽叫孩子做家事，孩子因爲懶惰不想幫忙而媽媽對孩子生氣時，孩子的內心就會與媽媽產生距離。

1 讚賞可讓孩子變得更好、更愛做家事

多讓孩子參與做家事，無論做得好不好，都該先給予肯定、讚賞。

有個幼兒園的園長，一早到學校就讓園所裡的孩子拿竹掃帚掃園裡的落葉。園長說，「我自己掃，十多分鐘可搞定，給這群孩子掃來掃去，可能會花掉更多時間。但，這可以讓孩子學習到更多課本上學不來的能力。學會如何握掃帚，才能把地掃得又快又好，這才是生活智能。」

下回，家中的小可愛跟你要掃帚、抹布時，不妨給他，雖然會花你更多時間，卻是幫助孩子更大的成長。

在此分享幾則和孩子快樂做家事的方法：

孩子很喜歡貼、黏東西，不妨給他一小段膠帶，陪著他一起黏地上掉落的毛

髮。

當你在拖地時，給他兩腳各踩一塊乾的抹布，跟著你後面，把地上的水氣擦乾。

既好玩，也是做家事，一舉兩得。

每次家族聚會，我就覺得這些孩子們好棒哦！幫忙上菜的、擺碗筷的、收拾桌面擦桌子的，每個孩子做得不亦樂乎！看他們做的時候，我總是說：「你們好棒！怎麼那麼棒，都那麼會幫忙做家事。」一會兒棒的、一會兒拍拍手的，只見孩子們個個做得更起勁！

兒女小的時候，讓他們刷洗自己的球鞋，我只看他們刷洗很白的那部分，讚賞他們這裡刷得很好，然後孩子自己就開始找，還有哪裡沒刷白的。寫生字時，我說「哇！這個字寫得眞好。」然後孩子開始擦掉，重寫那些較不好的字。

孩子幫忙採買時，我總對他們說：「你們好有力氣哦！」久了，孩子們就養成幫我提東西的習慣了。現在孩子們大了，我還是習慣這樣對他們說：

「有你們眞好！」

「你們對媽媽好體貼！」

「你們是我的驕傲！」

「你們眞的太棒了！」

多讓孩子參與做家事，無論做得好不好，都該先給予肯定、讚賞。

讚賞，其實不花錢、不花力氣，只要你有一顆欣賞孩子的心，孩子也會非常樂意幫父母做事。

2

跟孩子說「自己的事情自己做」，這句話好嗎？

父母都希望孩子能養成「自己的事情自己做」的習慣，但如果是責備、質問的口氣，就會變成是教條，而失去了養成孩子自己做事的美意。

有一次諮詢，媽媽問到教養的「原則問題」。

她說：「對孩子的管教，不是該有原則的嗎？」

我點點頭說當然有，原則就是「適應各種問題，解決各種問題」，事情沒有一定的對或錯，也可能因時空的不同而不同，這就是「原則」。

媽媽態度堅決地要求孩子「自己的事情自己做」，目的雖是培養孩子自立的原則，也沒有錯，但對於孩子本來都會自己做的行動，卻會因爲「情緒」的關係不想自己做，用哭鬧來要你幫忙做，如：餵飯，穿衣，穿鞋等，這可能是缺愛，引起注意的討愛行爲。父母就不好以所謂的「原則」來對待喔！原則愈多愈缺愛，孩子愈明知故犯，愈堅持，孩子就愈不想自己做事。

有一回居家諮詢時，爲了觀察孩子的基本能力，我們帶了很多玩具去，這孩子也熱情地把自己家的玩具也拿來一起玩。當觀察結束時，我請小男孩幫我一起收玩具，他收了自己的，我問：「你可以幫我收嗎？」這小男孩回我：「這是你的，自己的玩具要自己收！」可想而知，語言是模仿來的，平常父母要求小男孩收玩具時，肯定也是這樣說：「自己的事情自己做。」

也許當父母要求孩子自己的事情自己做時，並不覺得口氣不適合，但如果當父母要求孩子幫忙做事，孩子回話也是如此時，就會覺得不妥。也曾有次媽媽對小孩說，「可以幫我倒杯水嗎？」孩子很自然地回答：「自己倒啊！」

我請媽媽反思，平常孩子要你幫忙倒水時，是否你也無情的這樣回答呢？

當孩子需要幫忙或撒嬌要父母做時，可以回答：「OK！沒問題。」也可以回答：「請等一下，好嗎？」語言是模仿來的，一切的行爲都是學習來的。當請孩子做事時，孩子回「OK！沒問題。」「請等一下，好嗎？」這家庭氛圍多好！

自己的事情自己做，能幫他人做事，更有成就感，才不會讓家人間相互幫助的「愛」消失！親子間教養的生活對話，不得不慎思！

3

誰說孩子不願意收玩具？

不同的說話態度，決定了孩子的行為。

困擾父母最多的原因之一就是，孩子玩完玩具都不收，客廳地板亂成一地的玩具。此時，真想全部都丟進垃圾桶！

「如何教育孩子自己收玩具？」幾乎是大多數家長的前五大問題。

此時，我會先反問：「請問你們平常都是如何要求孩子收玩具的呢？」

得到的答案不外乎是：

「玩具玩好，要自己去收一收啊！」

「趕快去把玩具收好，不然下次就不買給你了哦！」

「不收是不是？好，那我丟垃圾桶了哦～」

這樣的對話，是不是很熟悉！要不要改改說話方式呢？

換句話說，感覺看看，孩子的行爲是否就不同？

「你還想玩嗎？」

「我們要不要一起來把玩具送回家啊！」

「那裡還有一個，請幫我收過來，好嗎？」

「好棒哦～」「謝謝你一起收玩具～」

「收拾得好整齊，看起來好舒服哦～」

「玩具說：謝謝你帶我回家～」

玩球是孩子的最愛，尤其是五顏六色的彩色球，孩子最愛把球整個倒出來玩，滿地都是球，孩子在球上面滾來滾去，玩得不亦樂乎！但收這些球，對於父母來說就是辛苦的家事！

在諮詢時，我常會提醒父母從遊戲中學習，不用糾結在「收玩具」這一句話上。丟了一整地的球後，換跟孩子玩投籃遊戲，遊戲規則是「我們要先來找紅色的球投」，預備開始，「來找紅色的球哦」，孩子開心的找紅色球來投入收納球的紙箱內；接著再找「黃色球」「紫色球」……孩子不但覺得好玩，也學會了認顏色；也可以換成數量遊戲，翻到數字卡 1 就拿一個球放在箱子內，翻到數字卡 2 就拿兩個。待收得差不多時，媽媽用轉移注意力法，把收納球的箱子收起來。玩具也收好了，學習也兼顧了，這一招很管用，孩子玩具也收得開心。最後，不忘再補上一句，「謝謝寶貝哦！」「收拾得好整齊，看起來好舒服哦～」

如果是你，你會想聽到哪句話，而讓你心甘情願的做事呢？

不同的說話態度，決定了孩子的行爲，這是父母不得不學習的一門說話課～

4 這樣說，讓孩子喜歡做家事

讚賞要針對具體的事實，之後給予肯定。鼓勵含有接納與包容，做不好時不責備。

曾經，我的婆婆很習慣唸孫子：地板這裡還沒有擦乾淨，桌面那裡也還沒有收好……久而久之，孫子就很不喜歡在奶奶的面前做家事。

我跟婆婆的作法剛好相反，我會讚賞孩子家事做得很好，要講他們做得不好的地方，我會用鼓勵的話，如「你能做到這樣，已經很棒了哦！」

例如擦地板，我會說：「至少你先幫我擦第一次，我可以比較不費力。」通常孩子會更積極主動的幫忙我做家事，這是心理因素使然。做家事這件事，都是需要耗體力、要費時間的，如果做得好沒有被肯定，做不好還要被責備，我想，做家事的人的情緒肯定都會受到影響，而愈做愈隨便應付了事！

什麼情況下用讚賞句呢？當孩子把某件事做好時。

例如：幫忙把桌子收拾乾淨。

「你好棒！謝謝你的幫忙，讓桌面看起來好舒服。」——這是讚賞。

「你好棒！你來把桌子收乾淨。」——還沒做先讚賞，這是利誘。

「你好棒！你把桌子收乾淨了，但是椅子上的沒收哦！」——讚賞一半，也等於沒讚賞。

「你好棒！你把桌子收乾淨了，椅子上的要一起收嗎？」——這是讚賞＋鼓勵。

什麼情況下用鼓勵句呢？當孩子想做，卻做不好的時候。

例如：孩子想幫忙倒水給爸爸喝，走了一半，杯子裡的水灑了出來，或手一滑，杯子破了，這時，你要先鼓勵後指導。

「你很孝順哦，會想幫爸爸倒水！謝謝哦！」「水杯我們用雙手拿，慢慢走」……

讚賞要針對具體的事實，之後給予肯定。

鼓勵含有接納與包容，做不好時不責備。

多用鼓勵的語言：「已經很不錯了哦！」「這樣做得很好啊！」「你才幾歲，能做到這樣！很棒了哦！」

「讚賞孩子」願意幫忙做家事的態度。

「鼓勵孩子」做得不好沒關係，我們慢慢地愈做愈好！

5

孩子的好，是好在父母對他們的需要

父母需要孩子，孩子也會滿足被愛被關懷，對父母就會產生歸屬感，進而滿足了求生存的基本心理需求。

你會捨不得孩子幫忙做家事嗎？父母也許會認爲自己不會，但又會想，還是讓孩子多睡一點好了，應付學校課業還要補習才藝，夠孩子累了，媽媽自己沒上班，家事就自己來做吧！

來諮詢的媽媽說，「我真的不明白這孩子到底是怎麼了！平常我根本不敢要求孩子幫忙做家事，想說孩子只要能顧好自己的功課就好，怎麼兒子居然跟我說他很想死掉！」原來是每當孩子想跟著媽媽一起做家事時，媽媽總說：「不用！」要孩子把書讀好就好，其餘的事都不用幫忙。

本來，這孩子是想從與媽媽一起做家事中得到自我肯定，因爲課業壓力讓他非常沒有成就感，但每次都被媽媽拒絕，「家事不用你做，你把書讀好就行！」這下孩子就完全沒有機會去感受自己存在的價值了。

孩子的好，是好在父母對他們的需要，能被父母需要是一件多麼有成就感的事。一位媽媽在講座場上回應我：「眞的啊！孩子眞的是這樣，當我愈表現出對他們的需要，孩子就愈會幫我的忙。」尤其是我感謝孩子「眞是我最棒的小幫手」的時候，他們的眼神都會散發出一種得意感！

任何人都是如此，都有被需要的需求，這是成就感的需求，也是自信自尊的需求，父母需要孩子，孩子也會滿足被愛被關懷，對父母就會產生歸屬感，進而滿足了求生存的基本心理需求。

有些父母會說，不指望將來靠孩子，或說反話，「與其要孩子做家事，不如我自己做一做比較快」。這樣的話，無論是「事實的陳述」還是「說反話」，以爲是「激將法」，卻傷了彼此的「心理需求」，損人不利己的話，千萬別講。

「媽媽需要孩子的幫忙」——是一種不傲慢的態度。

「媽媽需要孩子的幫忙」——是一種榮耀孩子的心。

孩子需要父母，父母也需要孩子，互補的需求互惠的給予，才是親子雙贏。

6

不剝奪孩子自己動手做事的能力

都說現在的孩子比過去的孩子聰明很多，但能力真的有比過去的孩子好嗎？

想想，過去的孩子可能十來歲不到，就會煮飯給自己吃或家人吃，但現代的孩子能嗎？是因爲能力不足？還是被過度保護而剝奪了這項能力？現代的孩子少有自己動手做的機會，吃飯有外送，或媽媽長輩們煮好。被保護過度的孩子，對人不尊敬、對事不負責、對物不珍惜。

有個媽媽每天都會問孩子「你今天想吃什麼？」然而孩子都表示「不知道」，媽媽說：「想吃飯嗎？」孩子：「不要！」「想吃麵嗎？」孩子也回「不要！」「吃水餃嗎？義大利麵嗎？」孩子統統說：「不要！」最後媽媽生氣地說：「等你想到再跟我說！」過不久，孩子肚子餓了，反過來抱怨媽媽怎麼還不弄晚餐給他吃。這就是富人教育法，對孩子保護過度。

某次幼兒遊戲互動的內容，就是讓孩子自己洗菜、切菜、做菜，孩子們拿著小刀子切菠菜，切紅蘿蔔、白蘿蔔、豆腐，水滾了自己下麵條。整個活動的過程中，孩子「煮」得非常開心，煮好時自己拿碗盛那長長的麵條和菠菜，同時也讓他們自己舀湯，每個孩子回到位置上，一下子就吃光光，邊說著「好好吃」「我還要」！媽媽瞪大了眼睛說，這孩子平常是不吃青菜的，自己煮的果然好吃！很像我們小時候包餃子的心情一樣，很有趣，水餃形狀包得很醜，但自己特別有成就感，吃起來特別美味！

當孩子長到大班年紀時，不要小看孩子的能力，安全陪伴下讓他們參與煮飯，平底鍋煎荷包蛋或炒蛋、加上起士片，配上綠色蔬菜，就可以是一道美味的餐點！讓孩子自己動手做，又好玩，又有成就感，進而喜歡烹飪，肚子餓的時候也不會吵父母做飯給他吃！在沒有立即危險、父母陪伴的過程當中，滿足孩子自己動手煮飯的成就感。

不會找機會給孩子做事的父母，怕孩子做錯事或覺得麻煩，這是剝奪孩子的學習機會。

7 孩子的自信，來自於會幫忙父母做家事

有能力做事的人，自然會幫助他人，無形中建構良好的人際網絡。

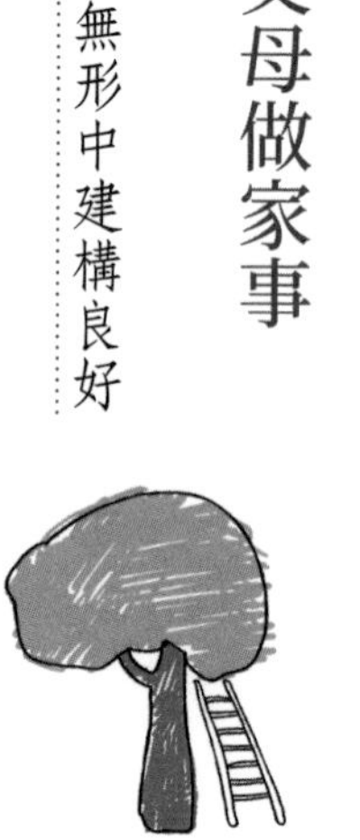

多年前開始推廣「四夠教養」，就有不少跟著上課的父母們跟我分享與孩子一起做家事的樂趣！父母開始刻意的製造機會讓孩子幫忙。

有位媽媽說，她想要清洗電風扇的葉片，兒子主動幫忙說：「我來試試看！」媽媽見兒子自信滿滿的拿起螺絲起子，彷彿就是模仿爸爸的動作，還真的讓兒子轉開了！媽媽驚呼「你太厲害了！」爸爸回家時，媽媽還跟爸爸直誇兒子說：「有兒子真好！爸爸不在家時，是媽媽得力的大助手啊！」不要小看這樣的經驗，對於孩子來說，就是養成自己動手做事的習慣，以及對自己可以幫忙他人解決問題的成就感。

另一位媽媽說，冬天裝棉被單這件事，她都是請孩子來幫忙，兩小孩的手上各抓住棉被的一角，雖然媽媽可以自己獨自換被單換床單，但會刻意的請孩子幫忙，她說，孩子會幫忙套好棉被，鋪上乾淨的床單後，母子三人會一起躺在棉被裡翻滾笑鬧著玩，媽媽心情好，感謝孩子的幫忙！

在一次幼兒園的活動中，我問：「會幫爸爸媽媽做家事的請舉手！」孩子紛紛舉手自信的說，「我會幫忙換床單！」「我會幫忙洗碗！」「我會幫忙洗襪子！」「我也會幫忙洗抹布！」「我會幫忙媽媽買菜！」有些孩子也跟著喊：「我也會啊！」那此起彼落的聲音多有自信！

日常生活中，能讓孩子幫忙的家務很多。如，去購物商場，讓孩子先寫下購物清單，還不會寫字的用畫圖示意也可以，到了現場，請孩子拿著購物清單幫忙尋找要買的物品，孩子走在媽媽的前面喊著：「我找到了！衛生紙在這裡！」然後在清單上畫掉已經拿到的物品，這對孩子來說，能參與大人的事，就會有自信！

你會讓孩子幫忙嗎？

當孩子說「我會幫媽媽做事喔！」或「我會幫爸爸做事喔！」這孩子的內心肯定自信滿滿，而有能力做事的人，自然會幫助他人，無形中建構良好的人際網絡。

8

幼兒玩和做事，都是出於好奇心與探究心

玩夠不一定都要帶孩子出去玩，或找玩具給他們玩，生活周遭皆是好玩的家事。

還記得前面說的「玩夠」嗎？

對於幼兒而言，做事就等於是玩。

玩夠不一定都要帶孩子出去玩，或找玩具給他們玩，生活周遭皆是好玩的家事。例如，「洗碗」這件事，也許媽媽們都會說，孩子喜歡洗碗根本就是在玩泡泡、玩水！沒錯！對孩子而言「洗碗這個家事」本來就是好玩的遊戲，後來會變得不喜歡，那是因爲一直被限制，「不要玩泡泡、不要玩水，這樣會洗不乾淨！」責備到最後，孩子就不愛洗碗了。

還記得嗎？孩子也很愛洗衣服、洗襪子！衣服襪子浸泡在大臉盆裡，用腳踩出

泡泡，或用手揉搓衣服襪子，這些孩子也很愛！在夏天又是玩水又是洗衣服，一舉兩得！衣服襪子髒髒的地方，怎麼不見了呢？喔喔！原來是神奇的洗衣精把髒髒變不見了，如何才能把泡泡沖乾淨呢？這就是孩子的「原體驗」，父母再引導孩子正確的用水方式，不能再一開始就限制！

有的媽媽會跟著孩子一起洗澡，如何把浴室的水垢變不見呢？媽媽一樣有神奇的法寶，浴廁清潔劑噴一下，刷子刷一下，就清潔溜溜了，對幼兒來說，就會覺得好玩，然後一直噴。父母也可以準備裝清水的噴瓶讓幼兒噴，再給一條抹布讓他們擦拭。愉快的洗澡時間，也是又玩水又把浴室清潔乾淨的遊戲時間。

家中如果有陽台，會是一個非常方便幼兒玩的地方。在陽台玩彩繪、玩水彩，讓2歲多的幼兒自己擠顏料瓶，可幫助手眼協調及大小肌肉的發展，幼兒看著管子裡的顏料擠出來，就是專注力，擠在調色盤中，還可以玩出三原色的變化，藍色加上紅色會變成紫色，黃色加上藍色會變成綠色，紅色加上黃色會變成橙色，把其他不同的顏色加在一起，會變成什麼呢？這就是在滿足孩子的好奇心與探究心。玩好顏料後，給孩子一把刷子、水籠頭接水管，孩子又玩水又可以沖洗陽台，養成自己善後的習慣。

好多年前，有一對姊妹在客廳玩顏料，整個色水打翻，姊妹倆就躺在地板上玩起來了，弄到自己的身上、衣服上都沾上了顏色，玩滿足後兩姊妹開始擦地板，還自己洗衣服，也把自己的身體洗乾淨了！媽媽感覺很神奇，果然玩夠的孩子會聽話，也願意主動善後。多年後姊妹倆長大了，還記得當時好玩的情境。想想看，還有什麼家務事，是可以邊帶著孩子玩邊做的呢？

9 做事最能幫助腦力開發

現代父母往往以為要從學習來發展孩子的腦力，卻忽略了最簡單的「做事」，就是腦力開發的重要關鍵。

別小看做家事這回事，孩子的手在動，大腦就同步跟著動，這指的就是手、眼、腦並用的智慧。孩子的眼睛觀看到哪裡，手部動作就跟到哪裡，都需要大腦的神經反應，即使是簡單的擦桌子，給孩子一塊抹布，請他們幫忙把桌子擦乾淨，孩子的大腦就會立刻啓動發號施令：用眼睛觀察，哪裡髒的地方需要擦拭，把桌子擦拭乾淨，需要重複幾次才能擦乾淨，這就是專注力；要使用多大的力氣才能擦拭乾淨或如何把桌面上的菜渣整理好，這就是思考力。

好久以前看過一部電影，描述一位千金小姐不會做家事，某次想引起男友注意而求表現，於是跑到男友家幫忙整理。她把桌面上的垃圾全掃下桌，再把地面上的垃圾掃到沙發椅子下，眼不見爲淨！自以爲很滿意，結果男友回家後發現原來垃圾都掃進椅子下面了，讓人覺得好氣又好笑！所以說，即使是簡單的擦桌子，都能觀察出一個人的能力。

互動觀察時，有些孩子做事的動作非常靈活，有些孩子的動作反應就都很慢，這也是因爲大腦的神經反應慢半拍，處理訊息的速度跟不上。所以說，要活就要動，手動得愈多，腦袋的反應就愈快，這都是對大腦的刺激，也是熟能生巧的意思，經常做家事的孩子，這些能力就能被培養起來。做事時有思考先後順序，這就是邏輯，先整理桌面最後才清潔地板，而不是先把地掃好，再整理櫃子上或桌面上的東西，等一下地板又弄髒了！

帶著孩子做家事，然後觀察他們的邏輯，看他們做事的樣子，就能觀察他們的智力程度。盡量找事給孩子做，會比學習課本上的知識，更能幫助孩子腦力開發。

10 做事的習慣，一定要從小培養

能自己做事的人，才是能獨立的人，也才會有能力愛他人，這是人生最重要的目的，從小培養孩子成為有能力愛人的人。

有一次，我跟一個家庭一起吃飯，席間只見媽媽一直招呼國中生的孩子：「你還要添飯嗎？要不要喝湯？我幫你盛飯舀湯？」

這儼然就是保護過度，媽媽忘記孩子已經長大到可以自己動手做了，不自覺的習慣幫孩子做。

坐在一旁的我，故意請這位男孩幫我舀一碗湯，他先是楞了一下，可能也覺得不好意思拒絕我，於是就接過我的碗幫我盛湯，我跟他說：「謝謝，謝謝你幫我服務，有你眞好！」這國中男孩靦腆的對我笑了笑。我順口問，「你也幫父母各盛一碗湯？」男孩先是回我：「他們自己會！」我說：「你爸爸媽媽應該也想讓你服務一下，享受被兒子服務的感覺。」孩子有點不自然地回：「好吧！」

這就是習慣的養成，父母忘記了孩子其實可以自己動手做事，是父母把孩子養成被服務的習慣，萬一父母做得不夠周全，還可能被孩子抱怨。被服務慣的孩子不習慣服務他人，怎會有能力爲別人做事呢？能主動做事的孩子，長大就能靠自己努力的態度獨立生活，總不能處處依賴父母。

有次一對夫妻來諮詢，老婆看起來個性很軟弱，過去被父母保護得非常好，凡事都是父母幫她打理好。但結婚後，自己帶孩子感到無助又惶恐，經常哭著打電話跟上班的老公求救，說她不知道怎麼餵小孩副食品，想要自己煮，又笨手笨腳的，娘家媽媽也無法一直來幫忙。爲此，老公也很無奈，怎麼自己好像有兩個小孩要照顧一樣！因此，會爲了老婆過度依賴而吵架。

沒有能力做事的人就會想要依賴他人，或抱怨他人沒有替自己做好事，這樣的婚姻就容易出現危機。兩個獨立的人結婚，可以自己獨立做事也可以一起做事，或幫對方做事，這才是對等的婚姻關係，過度依賴他人會令被依賴的人產生心理壓力及體力上的負荷，婚姻上就容易出現危機。也常有學員抱怨自己的另一半是媽寶，什麼事都不會！這樣的婚姻怎會有幸福可言。所以從小培養孩子做事的能力，就是奠定孩子一生的基本素養。

會做事的人有能力照顧他人，不會做事的人容易抱怨他人，也會製造他人的壓力，這就是做人最大的差別。

11 找到讓孩子願意做家事的動力

孩子能主動願意幫忙做家事，不是因為父母嚴格規定或要求，而是找到背後動機。

有捨不得孩子做家事的父母，當然也有想要孩子做家事，卻叫不動孩子的父母。

到底該怎麼做，才能讓孩子主動做家事呢？孩子能主動願意幫忙做家事，不是因爲父母嚴格規定或要求，而是找到背後動機。在什麼情況下你會想要做家事，這就是動機。

曾經有個朋友臨時說要來家裡，我立刻起身迅速的收拾客廳，用吸塵器吸地板，沙發上的雜物也快速收拾完畢，這就是外在動機。因爲有朋自遠方來的外在動機，讓我充滿做家事的動力。把家裡打掃乾淨後，舒服的坐在沙發上喝一杯茶休息，享受乾淨的居家空間，看著發亮的地板、整潔的環境，內心的滿足感、舒適感，這就是內在動機。

有動機才能讓我們做起事來有動力，而且不覺得累，把這樣的感覺套用在孩子身上，找出孩子願意做家事的內外在動機。如：孩子最要好的同學要來家裡一起做功課，父母陪伴孩子一起整理書房，或把餐桌上的雜物清理整理出空間，讓同學來的時候可以一起寫功課邊享受點心，這就是孩子主動做事的外在動機。也可以把家裡整理乾淨後拍照傳給孩子，分享家裡整齊乾淨讓自己的心情很舒服很好的感覺，感染給孩子，引發孩子注重家庭環境，這也是內在動機。

孩子幫忙做家事能得到父母的讚賞，這也是外在動機。我的女兒會把自己關在房間裡，一個人大大的整理一番，整理好才會打開房門，我站在門口看到裡面煥然一新，大聲的讚嘆：「你太厲害了！」「整個房間都亮了！」「跟新的一樣好！」得到讚賞的孩子，內心也充滿成就感，這就是內外動機都具備了！

讓孩子幫忙折衣服的內外在動機是——有沒有一種經驗，換季時好多的衣服要整理，孩子一邊幫忙折衣服，媽媽一邊跟孩子聊天，「那時候你才長多高，怎麼一下衣服褲子就變小了，原來是你長大了啊！」孩子邊把衣服拿來套套看，果然衣服變得好小件，好開心自己長大了，還可以幫媽媽一起整理衣服回收或送人，跟在媽媽身邊做事又能聊天，這也是內在與外在的動機。

給孩子一個最簡單的家事，幫忙擺碗筷，也能滿足內在與外在的心理動機，媽媽說：「準備開飯了哦！」孩子說：「我來擺碗筷！」媽媽問說：「今天家裡幾個人呢？」孩子用手指頭數了數，有爸爸、有媽媽、有阿公、阿嬤，還有我自己，一共有五個人，我要拿五個碗還有十枝筷子，當孩子算得出來人數，這就是內在動機。大人再給予孩子讚賞，「你很棒啊！會數一數家裡一共有幾個人。」這就是外在動機。

陪著父母一起煮菜，撿菜葉子、削馬鈴薯皮、切小黃瓜等，都是好玩的動機，又能得到父母的肯定與賞識，進而滿足孩子的內外動機。父母往往以爲用「要求」來鼓勵孩子參與做家事，但孩子反而更懶散，愛做不做。應該沒有人會喜歡被要求做事的感覺吧！所以父母要用正確的方式來引發孩子喜愛做事的動機。

12

全家總動員，一起做家事

家務事不是媽媽一個人的工作，也並不是女生才要做的事。

現代人應該比較少有重男輕女的觀念，不會有男生不用做家事的特權，這是非常好的男女平權概念。不用做家事對男生而言也並非好事，做家事也具有紓壓的功能，現代很多男生也喜歡打掃清潔、自己煮食物，藉以紓發工作壓力、放空的自我療癒，與過去傳統家庭家務事都落在女性身上是有很大的不同。

全家總動員一起做家事的重點在於家庭的凝聚力，設定一個共同的打掃時間，也能養成家庭成員共同遵守家庭規則的紀律。我的幼時回憶，星期日早晨就是全家大掃除的時間，爸爸洗拖鞋、電風扇和清掃陽台、媽媽跟二姊清潔廚房、大姊清潔櫥櫃跟桌面上的擺飾、弟弟則負責擦地板，我負責擦各房間的地板，最後手足們再一起幫地板打蠟，結束後坐在乾淨的地板上享受那光滑的感覺！大掃除結束，有時媽媽也會帶我們上館子吃飯，全家一起做事，是很溫馨的回憶。

當年母親沒有重男輕女的觀念，父親也沒有父權思想，這就是給孩子的身教，長大之後的我們，也習慣全家一起做家事！全家一起做家事，也不會產生不公平的感受，爸爸媽媽與孩子們一起做家事的開心氛圍，讓做家事變成是一件美好的事。全家一起做家務，就變成是理所當然的一件事！

現代的社會結構很多都是雙薪家庭，家務事都外包給清潔人員負責打掃。曾接過一次諮詢案，這個家庭的經濟狀況非常好，家務有打掃阿姨幫忙，孩子也有外傭幫忙照顧，在帶孩子來觀察活動的進行中，只要孩子拿在手上的操作物品一掉，外傭就立刻上前幫忙撿起來。雖然說照顧小孩是外傭的工作，卻也剝奪了孩子自己動手做的機會！這並非好事，外傭或保母的功能是協助父母工作，不是幫孩子把事情都做好，要讓孩子跟著外傭或保母一起做事。你不是花錢請外傭還讓自己的孩子做事，而是在培養孩子的能力。父母的心態不同，孩子的格局就會不一般！

有些孩子的性格傾向過度放縱享樂，在家只享權利卻不盡義務。給孩子上學讀書學習，照顧孩子吃喝玩樂的日常生活所需，這是享受權利；全家一起做家事就是爲家盡義務，有權利也要有義務，這是正確的素養。所以，無論家中有外傭或長輩，都不該讓孩子只享權利而剝奪孩子盡義務的機會。習慣一旦養成，孩子就可能形成只會使喚他人的態度，而沒有自己動手做事的能力。

13 讓孩子養成做家事習慣的方法

塑造做家事的習慣，靠的是良好的「銘印現象」。讓孩子腦袋中的刻痕是快樂的、有趣的、溫馨的回憶，奠定做家事的習慣基礎！

前面提到做家事是爲家盡義務，培養做家事的目的是培養孩子負責任的態度。好的開始是成功的一半，塑造做家事的習慣，靠的是良好的「銘印現象」。讓孩子腦袋中的刻痕是快樂的、有趣的、溫馨的回憶，而奠定做家事的習慣基礎！

父母明白了做家事的重要性之後，想要培養孩子做事，可以設計一張表單，列出所有的家事，例如洗碗、收衣服、吸地板、整理鞋櫃書櫃、擺碗筷、擦桌子、倒垃圾、協助採買或餵魚飼料等。設計好表單之後，全家人一起坐下來討論，勾選出自己可以認領的家事內容，分配完畢之後，再製造另一張表格，把每一項家務的負責人寫上大名，再依完成任務後打勾或蓋上「完成了」的標章，待一週後或兩週，再一起討論所有人的完成次數，沒有「完成了」的標章，先不檢討責備，而是先讚賞鼓勵執行任務完成的次數。

接著再來討論無法執行任務的可能原因，是否因爲家事太難、或因時間分配問題或是對某個家務執行的興趣不高，都可以再次提出自己想法然後修正。遇到其他成員不想更換的家事內容，陪伴孩子一起想辦法進行溝通，當無法協調時，也是在讓孩子學會克服困難，也訓練孩子的談判能力。

重新修正後，得到家庭成員的一致同意認可，再繼續下一週的執行任務，再繼續修正，直到養成習慣。成爲各司其職的氛圍，每個家庭成員養成自己爲家務事負責，進而發展出負責任的態度。

想到我自己的童年經驗，負責的家務是每天晚飯後的洗碗工作，但我也會有不想洗的時候，爸爸就會說：「我來幫你洗！」媽媽說：「你都寵愛小女兒！」但我的心裡會感謝爸爸對我眞好，在我懶惰時願意幫我洗碗！

偶一爲之的行爲不責備，爸爸媽媽偶爾幫忙，孩子的內心就能滿足被愛的心理需求。如果家事分配清單已完成，但每天都不願執行家事任務，或做事拖延，那父母要思考的是孩子愛不夠、玩不夠、情境不好的消極攻擊行爲，再罵孩子不做，只會讓孩子更不願意改變。切記，行爲沒有好壞，只是量的多寡，偶爾的行爲不需要責罰。

分配家務的用意是，該我做的，你來幫我做，我心存感激與滿足被愛的感覺。不分配家務，以爲家務都是父母應該做的，孩子就學不會感恩。執行家庭家務事規則時，父母的口氣態度要溫和，不要用生氣或責備的態度來要求！

以上「做事夠」的所有好處，重點在營造溫馨和諧的家庭氣氛，擁有良好的親子關係，孩子被「愛夠」，自然會喜歡跟著父母做事，所以，一切的源頭在於「愛」。「玩夠」是培養身體動能，有體力有動能就喜歡幫忙他人做事，有能力解決問題與克服挫折。「情境夠」就是打造有機體的家。「愛夠」的孩子會幫父母做事，也就是說，「愛做事」的孩子內心肯定是滿足且充滿自信的！

總結

滿足六大心理需求的四夠教養

四夠教養的目的是為了滿足人的「六大心理需求」。人從出生到老死，都不可能離開這六大心理需求，所以當父母了解孩子，就可以了解自己，也就可以了解所有人的心理。心理需求如果在童年時能夠得到滿足，那麼一生是幸福快樂的！如果需求沒有被滿足，就容易變成缺愛的性格，產生錯誤引起注意的行為，心理欲求不滿的孩子較容易以自我為中心，好批評或看不慣他人，成為苛責他人的神經質性格。

一．生理活動的需求
二．被愛被關懷的需求
三．歸屬感的需求（安全感、信賴感）
四．自信與自尊心的需求
五．好奇心的需求
六．成就感的需求

六大心理需求，第一項到第四項是「求生存」的基本需求，第五、第六項則是「求知」的基本需求。人一定要先滿足前四項需求，才能追求「好奇心的需求」以及「成就感的需求」。六大心理需求被滿足的人，帶給別人的感覺是很舒服的，除了讓人覺得氣質很好、個性穩重之外，相處起來如沐春風，毫無壓力感。這樣的人對人有愛、可以關懷他人、有自信、能獨立，也能與人建立良好的互動，在學業上或事業上也較容易有成就。人從出生到老死，都不可能離開這六大心理需求。接著，就讓我們一起來認識，也檢視孩子的內心需求是否得到滿足。

1 生理活動的需求

生理需求談的是吃喝拉撒睡，活動指的是走跑跳攀爬。

人的基本生理需求，就是要吃飽要睡飽。過去人類的記憶是處在貧窮的狀態，所以大腦就會告訴我們，如果有食物的話要盡量滿足，但到今天食物已經不缺乏了，我們就變肥胖了，所以腦科學家研究得出減肥非常困難，因爲到處都是美食誘惑，過去是吃不飽的需求不滿，而現在卻成了吃太多的健康危機。

禮貌教育就從餐桌上開始，長幼有序的位子應該要如何坐，吃飯要有感恩的儀式，感謝爸爸、感謝媽媽，給我們美好的食物，父母感謝孩子幫忙擦桌子擺碗筷。

吃飯跟活動需求是否滿足有關，如活動量太少、上一餐還沒消化掉，怎麼會有吃的需求呢？孩子吃飯的需求是大腦杏仁核所控制的，餓了就會吃，渴了就會喝水，累了就會睡。

父母都希望孩子能夠睡飽才會長得高，但睡覺也不是父母能控制的，這是大腦松果體分泌的褪黑激素及身體運動疲倦後自然產生的需求。為何會對孩子不吃飯不睡覺的生理需求感到很困擾呢？就是因為活動量不足，所以遊戲很重要！需要戶外大自然二小時肢體大動作的走跑跳。

2 被愛被關懷的需求

這個需求就是社交的需求，被愛被關懷要從說話開始，話說錯了，愛就收回來了。

愛不滿足導致缺愛的問題行為更讓父母頭痛！孩子需要得到父母的愛，幫助建立孩子第一個原型的社會關係，如果孩子得不到愛跟關懷，他們就會感到寂寞跟孤獨。人因為有愛的溫暖才能生氣蓬勃，愛就是溫暖，愛就是鼓勵讚賞。

根據調查，美國的孩子感覺父母有愛他的占百分之七十，台灣的孩子感覺到有被父母愛的不到百分之五十。這可能的原因是大多數傳統教育認爲打罵孩子是合理的，認爲孩子不聽話就是用打的比較快！溫和的說話最能夠帶給孩子溫暖，口氣輕輕的說，慢慢的說，當孩子說話的時候父母靜靜的聽，最能夠讓孩子感到溫暖。父母能夠容忍孩子的錯誤，也能讓孩子感覺到被愛。

3 安全感與歸屬感的需求

能被愛被關懷，就能產生安全感跟歸屬感。家本來就是孩子最感到安全感與歸屬感的地方，如果父母經常吵架或經常罵小孩，孩子就會失去安全感，沒有安全感的孩子容易哭，容易有不安焦慮的情緒。

孩子活在恐懼的家庭氣氛裡，就會想翹家。如果只重視知識的認知，孩子每天都在外面補習，在家裡的時間太少，也會沒有安全感。父母很少體諒孩子的心理需求，很少和孩子聊天，就無法滿足安全感跟歸屬感。

父母不要經常在孩子的面前吵架，父母經常吵架的家庭裡孩子的情緒會不穩定，學習也會跟著不穩定。孩子可以藉由幫媽媽做家事，產生安全感跟歸屬感。對家人有貢獻，才會有安全感跟歸屬感。

4 自信與自尊的需求

被愛被關懷會有安全感，同時就會發展出自信自尊的需求。能被家人父母愛夠的人，當然會發展出自信，也會有良好的自尊；而經常被罵的人，則容易自尊受損、沒有自信。孩子一生中最寶貴的資產不是有豐富的學問和財富，而是父母能給孩子一生用不完的資源，就是自信和自尊。有自信的人可以過獨立的生活；沒有自信的人是爲了別人而活，看人的臉色而活。

如果父母不尊重孩子，覺得都要孩子聽父母的話，以爲這樣子的孩子很乖、是好孩子，但孩子其實是內心委曲，不能有自信地做自己想要做的事。有肚量的父母才能夠培養出大格局的孩子，不然就會培養出心胸狹窄的孩子。所以我們要培養孩子具有自立的精神，無法自立就不會有自信。

5 好奇心的需求

具備高度好奇心，是資優兒的特質，好奇心是發明、發現的原動力。

有好奇心的孩子喜歡學習，但有些父母往往對具高度好奇心的小孩很頭痛，對什麼都好奇，都想嘗試，總會讓父母覺得不耐煩，往往一條路走下來，可以讓孩子因好奇而駐足觀察的事件很多，父母就會一直催促，「快走，趕快走，不要再看了，不要再摸了」，這就把孩子的優點當成缺點看待了！

沒有好奇心的孩子，生活容易無趣、無聊，什麼事都不想自動學習，容易產生學習低成就，有好奇心的人會喜歡自由探索、自我實現，功課會自己做完，自己的生活會自己處理，不會過度依賴父母，不會無聊懶惰，什麼都會覺得好玩有趣，會自己找事做來滿足好奇心。因為好奇，所以會有探究心，因而滿足成就感。

6 成就感的需求

成就感需求滿足的人也會有自信。請孩子做事的目的，就是要給讚賞的機會，能幫父母做事的孩子，容易有成就感，有成就感的人具有獨立性，能朝著自己想要的目標前進。

一直被否定的孩子，會沒有成就感，生命會變得沒有意義，如果工作沒能帶給自己成就感，做起事情也不會有快樂的感覺。孩子如果在才藝的學習上或讀書上沒有得到成就感，自然就會興趣缺缺，逼著走也沒有用。

好奇心跟成就感，是跟著第一需求至第四需求。跟著發展上來的，六大需求如果沒有得到滿足，就會產生適應不良、學習低成就，內向性行爲壓抑焦慮或外向性行爲衝動衝突跟暴力，嚴重者產生官能性精神障礙，容易生病、感冒，或自閉、退縮。

四夠教養做對了，六大心理需求就都滿足了！童年快樂，一生快樂。以愛跟眞誠的態度對待孩子，用對正確的觀念和方法教育孩子，輕鬆享受育兒樂！

衷心祝福所有大天使、小天使，都能過著幸福快樂的人生。

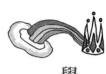

學員心得分享

溫柔語言，讓整個家裡很和諧——台中二寶媽鄭依青

身為新手媽媽，不曉得怎麼跟寶貝溝通與相處，一次機會下聽到老師的四夠教養心法，感動了我，回家馬上使用老師的第一夠：要愛夠。原本小孩不乖時我就是唸，現在寶貝有發生什麼事我都給抱抱關心、正面的語言。很神奇的是，寶貝的語言也都很溫柔很正面，原來，小孩的一切眞的都是模仿爸爸媽媽來的~很感謝老師的溫柔語言，讓整個家裡很和諧。

培養孩子的生活自理能力，做媽媽的可以愈來愈好命！——陳郁菁

我對子蘭老師推廣的「四夠教養」，尤其是「做事夠」非常有感！

在我們家，都是在哥哥弟弟 3 歲左右，趁他們喜歡玩泡泡水的時候，我們就

會在水中加上幾個摔不壞的塑膠碗，一邊教他們如何洗碗。由於全程是在遊戲中進行，兩個孩子洗得不慌不忙也沒有任何心理負擔。慢慢地，他們開始想要跟我一起洗家用的陶瓷碗盤，而且對於把碗盤洗得亮晶晶也很有成就感。漸漸地，他們也主動要學著拿刀子切菜、洗菜洗米，甚至弟弟那天還對著我說：「我都快要10歲了，已經可以開始來煮火鍋當大廚了吧！」原來，培養孩子的生活自理能力，做媽媽的可以愈來愈好命！

教養方式深入淺出，很容易就可以在家裡實行——Podcast主持人 Joslin940

記得幾年前，身爲新手媽媽的我一次要照顧兩個雙胞胎男孩，非常不知所措。透過共學團的媽媽推薦，聽到子蘭老師的「四夠教養」完全打開了我的觀點，原來可以這樣教小孩！而且老師的方式深入淺出，很容易就可以在家裡實行，於是我開始調整自己的步伐，跟著孩子一起成長，過程中他們笑容更多了，而我也能更放鬆的育兒了。

不用打也不用罵，孩子的行爲居然就好了一大半！——子蘭老師助理珮汝

身爲老師的助理，聽過了無數個主題，「四夠教養」是我跟老師最早結緣的一堂課，也深深的被震撼，原來教養並不難！

有一次，我因孩子在學校的不當行爲而找老師諮詢，然後我徹底改變和孩子的相處方式，就這樣不用打也不用罵，孩子的行爲居然就自己好了一大半！

我深刻的領悟，「愛，是需要的時候給，感受會更強烈」。

老師讓我在三寶育兒之路如魚得水——雲朵朵親子露營區巧媽

還記得在我們舉家從高雄搬回苗栗經營露營區的前幾年，我跟先生的摩擦不斷，我常常私訊子蘭老師，往往打上一大段文字，結尾加上：「請老師給我一句箴言。」

而老師總是能快速切入重點、指點我迷津。後續也因爲學習老師的四夠教養、說話的藝術等課程，讓我有勇氣在時隔五到三年後晉升爲三寶媽。感謝有老師的陪伴與帶領，讓我在三寶育兒之路如魚得水，當個有智慧又開心的三寶媽。

父母一起來學習四夠教養，讓家庭生活更美滿——劉俞伶

當媽媽這個角色已經有七年了，一直都在學習怎麼當媽媽。育兒路上跌跌撞撞，因緣際會之下認識了老師，想起第一次聽到四夠教養的語音課程，猶如醍醐灌頂般的驚醒！

我相信被愛夠的人，不管是孩子還是大人，在充滿愛的環境下長大自然都會愛人。

愛夠、玩夠、情境夠、做事夠，每天都盡量貫徹執行，讓親子關係愈來愈好。

希望更多父母一起來學習四夠教養，讓家庭生活更好更美滿～

照著老師說的做，孩子的回饋眞的讓我感動到想哭！——板橋林美秀

我幫哥哥做了三把斧頭的道具，因爲他要說故事比賽。初審那天放學，我騎車接到哥哥，他開心地跟我分享故事的經過，結果一個轉彎，一陣風吹來，斧頭掉了一把，直接被吹走。車水馬龍中，哥哥開始大哭，然後一直叫我趕快騎回頭找。

一開始，我眞的不想管他，想說掉了就算了，現在回去也找不到了，我明天再

做一把給你。但好像刺激到哥哥，他哭得更慘更大聲，甚至要跳車。就在我要發火前，忽然想到子蘭老師說的話，接著我深呼吸，然後在下個路口便決定騎回頭幫哥哥找斧頭。

想當然，斧頭被壓壞了，哥哥看著車子一台台壓過去，哭得更是傷心及崩潰。我帶哥哥去買晚餐，去買珍奶，希望可以轉移他的注意力，但在這過程中，就一直奉行的老師所教，面對哭不停時的步驟就是：抱他、等待、不說話。

就這樣半個多小時過去，哥哥從大哭變小哭，從小哭變啜泣，最後忽然告訴我：「媽媽，你明天先不用幫我做斧頭了。等老師公布結果後，如果我有選上你再幫我做一把就好了啦……如果沒有選上，你明天不是白做了……」

在那個當下，換我眞的快要哭了……原來老師教的步驟是可行的。

若是以前的我，可能會一直死命的安慰哥哥，想向孩子表達：「不要哭了，媽媽我懂你~」但哥哥依舊會哭不停。然後我自己受不了他哭，就開始不高興的責備他：「閉嘴，停，不要再哭了……」

哥哥可能很快會停止哭，但他的心也會受傷，然後我的情緒會更不好。

老師教的哭不停的調教方式：抱他、等待、不說話，但愛要有，溫暖要有。冷處理不是冷漠不理他，轉移注意力，不能一直說教。

我眞的覺得好神奇哦……照著老師說的做，哥哥的回饋眞的讓我感動到想哭！

從小貫徹「四夠教養」理念，至今仍受用——女寶媽林宜芬

身為鐵粉，也曾是為了地方媽媽想上子蘭老師課充電的主揪者，從孩子1歲半認識了我的育兒精神支柱，五年半聽了老師約四十個題目實體講座、疫情時的線上課、Podcast、校園講座，能跟上的，我絕不錯過。

只要每逢朋友聊到相關育兒、家庭，我就會請出老師的名號介紹給朋友。

孩子今年小一，我悟到改變自己的眼光去欣賞、接受體力驚人的孩子。子蘭老師說邊走邊整隊下，我懂了孩子氣質，採取不同調教方式，在育兒低潮時，轉念理解孩子行為背後原因。從小貫徹「四夠教養」，這理念至今仍受用呢！

感謝遇見老師這盞明燈指引方向——榮總麻醉科專科護理師陳姿言

說起跟老師的緣分，要從多年前某次朋友的講座邀約，老師講的是說話教育，印象非常深刻，我聽不到五分鐘的時間，就被迫出去外面照顧小朋友。

多年後，看到媽媽群組的分享文，與老師約了諮詢，當時老師字字句句都說中了我的感受也爲我解惑，這是我與老師的第二個緣起，也才發現是多年前的講師。

這次的緣起才讓我眞正的認識、了解老師的教養理念。

地方媽媽的我不需要教條、道理，而是需要眞正的實作，老師的每堂實體課都深深地打動我。老師的名言「家是講愛的地方」「上天自有巧安排」「老大 5 歲前生老二，要更加倍愛老大」……句句讓我在生活中體驗箇中道理，印象最深刻的就是，「把老公、小孩、家人，當成自己的客戶」，嘴上說很簡單，但要做到眞的要加倍努力。

身爲職業婦女的雙寶媽，總在職場與家庭中團團轉，讓我們容易遺忘了初衷，生活就是讓孩子愛夠、玩夠、情境夠、做事夠，這也是老師的最基本課程「四夠教養」。

老師的魔法就是~當你有問題時，看著老師，心裡默想問題，心中自然就會浮現答案；在老師面前，句句命中，針對問題根本解決問題。感謝育兒路上認識了老師，就像是在我最低潮時的那一盞明燈指引方向。

親子關係的源頭是自己與自己的關係——二寶爸江忠晉

「從愛而始，至愛而終。」是我對子蘭老師的教導最深的體會。

當初，因爲內心深處對孩子的愛，帶著我想改善親子關係、想有別於傳統打罵高壓教育，而開始接觸子蘭老師的教導，因而體會到截然不同的教養思維。

從理解到融入生活，從「四夠」開始，運用老師教導的各種細膩的思維、方法，改變我自己的想法、行爲、說話方式，終於逐漸與孩子建立親近、彼此安心信任的關係，進而有更多和孩子良好的互動，也讓孩子活出更多的自信、安全感、歸屬感和愛的特質。

過程中更理解到，親子關係的源頭是自己與自己的關係，如何觀照自己、愛自己是何等重要，即使是追求和諧的伴侶關係亦然。

子蘭老師融合貫通台灣幼教之父王國和教授的幼兒教育系統、古代大聖人與經典的智慧、自身人生歷練，精心打造改變自己、改變家庭、改變人生的金鑰。

若能踏實誠懇地把握子蘭老師的教導，落實在生活中，必然能爲自己的人生開啓別開生面的新天地。

四夠教養是一本育兒聖經！——臺中市英語教學資源中心專任助理林嫻一

週末的早上，我會問問大班的兒子願不願意幫我泡杯咖啡，兒子總是會很大聲的回應：「好！」接著就蹦跳進廚房，再說：「我泡的咖啡最好喝了！」這是四夠教養下長大的孩子，我從孩子 1 歲多接觸子蘭老師的課。

再有一次，我們聊到爲什麼不能在樓梯或走廊奔跑，萬一受傷了，爸爸媽媽會很難過。孩子說：「我知道，所以我都有在注意。」四夠教養是一本育兒聖經！更是一本經營家庭與人際關係的操作書，當我將它實際運用在生活中，看到兒子與我們的應對，儼然就是溫暖又聰明的孩子！就知道我走在對的路上了。

後記
感恩永遠的恩師

想是多少年了，認識了理科出版社的王國和教授，初見面時，就覺得這位長者好特別，總是滿心歡喜的大談親子教養觀念，而且談不膩的。

教授的心願是：「希望所有小天使都能幸福快樂！」但肯定是要「先有快樂的父母，才有快樂的小孩」，正因爲這中心思想，王教授推出了「孩子應該這樣教」的「四夠教養」心法。

王教授的名言很多，其中一句是「孩子不要教」！孩子本來就好好的，過度「教」反而扭曲了；太用力過度的教養孩子，反而把孩子教壞了。

「不要教」是更厲害的智慧！不是要父母從此放任孩子不管，而是提醒父母是否教過度了，是否方向錯誤了。

二十年來，我跟隨王國和教授北中南巡迴親子講座，將王教授的一生教養精髓融會貫通，影響的家庭無數，也奠定了我今天的基礎。

感念王教授一生鍾情教育，他心心念念的就是想讓所有父母懂得「眞教育」，眞正的懂幼兒教育：「用愛與眞誠來對待孩子；用正確的觀念和方法來教育下一代。」

遙想多年以前，王教授在一場幼稚園的演講，首次發表「四夠教養」，那粉筆寫上黑板的畫面，我歷歷在目，當教授一個一個講解時，我是被震撼的！

王教授的風采，讓聽講座的父母爲之瘋迷，有地下教育部長之美譽。

我傳承了這「四夠教養」！

是的，再次感謝我的恩師王國和教授，集他一生對幼兒教育之所悟，傳授最簡單的心法。

沒有「王教授」，不會有「四夠教養」，也不會有此書的誕生。

Eurasian Publishing Group
圓神出版事業機構
用心與你對話・視野無限寬廣
如何出版社
Solutions Publishing
www.booklife.com.tw
reader@mail.eurasian.com.tw
Happy Family 093

四狗教養法，養出溫暖聰明的孩子

作　　者／陳子蘭
出版經紀／廖翊君
發 行 人／簡志忠
出 版 者／如何出版社有限公司
地　　址／臺北市南京東路四段50號6樓之1
電　　話／（02）2579-6600・2579-8800・2570-3939
傳　　眞／（02）2579-0338・2577-3220・2570-3636
副 社 長／陳秋月
副總編輯／賴良珠・李宛蓁
專案企畫／賴眞眞
責任編輯／柳怡如
校　　對／柳怡如・張雅慧
美術編輯／李家宜
行銷企畫／陳禹伶・朱智琳
印務統籌／劉鳳剛・高榮祥
監　　印／高榮祥
排　　版／陳采淇
經 銷 商／叩應股份有限公司
郵撥帳號／ 18707239
法律顧問／圓神出版事業機構法律顧問　蕭雄淋律師
印　　刷／祥峯印刷廠
2024年5月 初版

定價 360 元
ISBN 978-986-136-694-4

我是因爲看懂防衛機制，而發現自己的。
所以，我也期待你可以「找到自己」，活出自信與心靈平靜，感受自由自在的滿足感。
並且不讓自己困在不自覺的自我保護，與充滿敵意的負面情緒裡。

——《我心裡住著一隻刺蝟》

國家圖書館出版品預行編目資料

四夠教養法,養出溫暖聰明的孩子／陳子蘭 著.
-- 初版. -- 臺北市：如何出版社有限公司, 2024.05
256 面；14.8×21.8 公分. --（Happy family；93）
ISBN 978-986-136-694-4（平裝）

1. CST：親職教育 2. CST：子女教育

528.2　　113003688

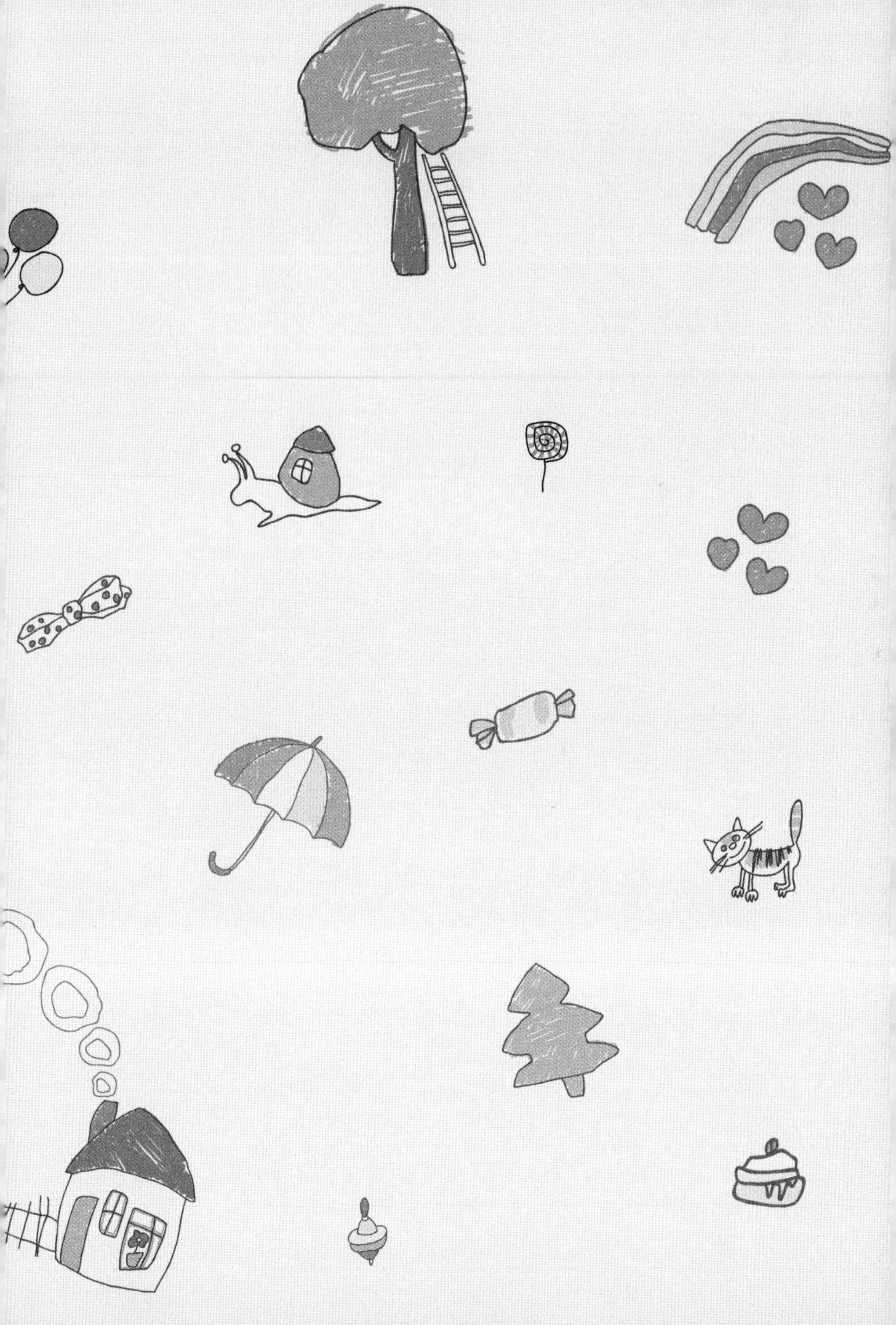

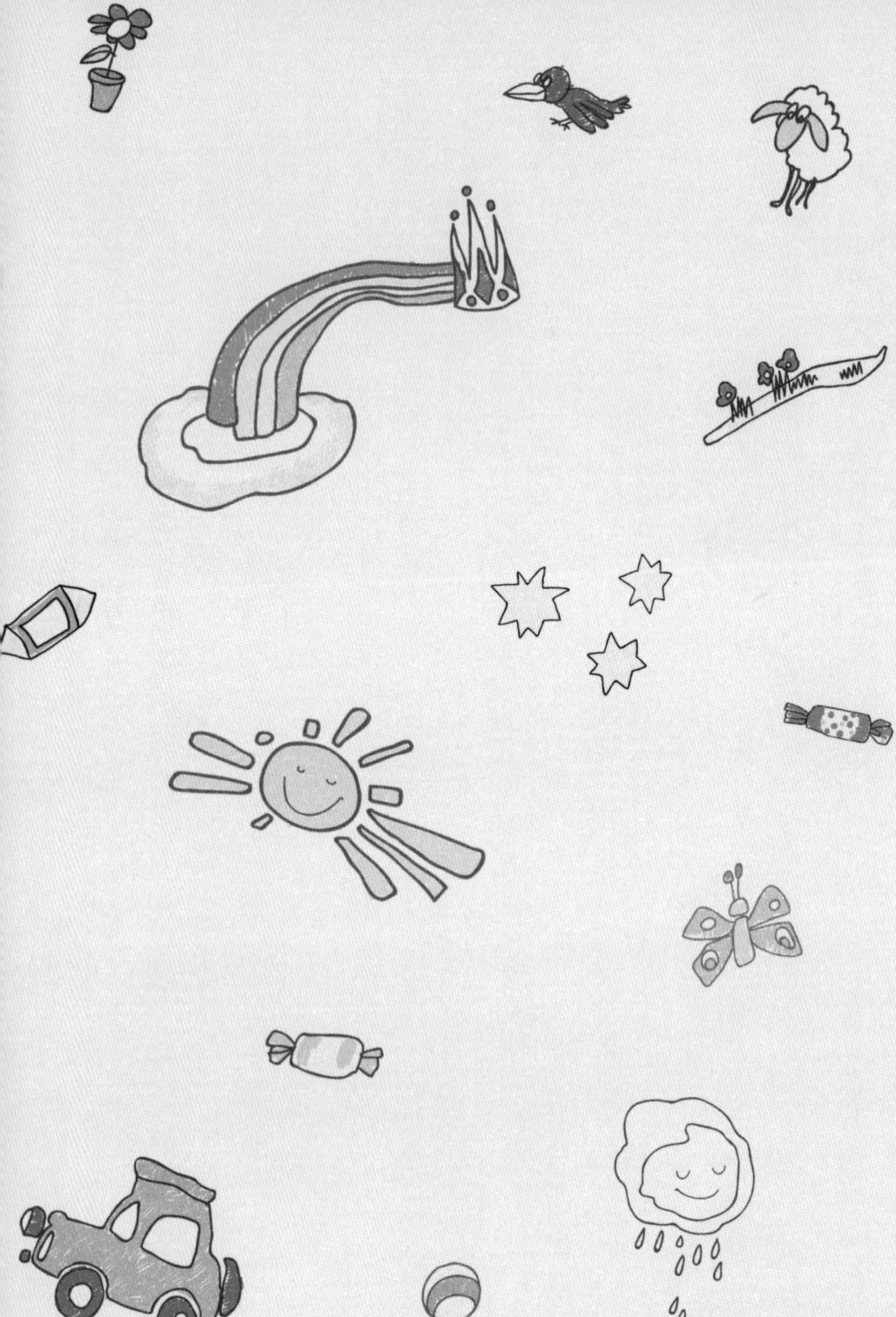